Michael Gregor Geb. 10.10.1984		Joh. Georg Geb. 4.12.1955	Michael Gregor Geb. 4.6.1961	

annemarie 4.10.1944 · Rita Franziska Geb. 21.9.1945 +1.3.1946 · Frz. Josef Geb. 30.10.1948 · Luise Elisabeth Geb. 12.7.1958

...oßner ⚭ Thekla Anna Maria
...raut am 17.8.1940 mit Th.M. Ruder   Geb. 16.4.1921 zu Amberg

Johann Ruder ⚭ Maria   Geb. 2.8.1892
Geb. 23.10.1890 Getraut am 11.11.1917 mit M.Ehrenburger

...arb. Franziska
eb. 2.5.1867 Gest.15.11.1902 · Therese Geb. 24.9.1869 · Maria Barbara Geb. 31.1.1872

1574
Gregor Gloßner
Bierbrauer zu Velburg

...t am
...1833
...hard

...aria Barbara
eb. 23.3.1822 Gest.1822 · Ferdinand ⚭ Anna *22.11.1824 +26.10.1900 Getraut 26.11.1850

Frz. Jos. Gloßner ⚭ Anna Maria
wird in 2.Ehe getraut am 24.5.1829 mit A.M.Maget von Wiesenacker

...f Gloßner ⚭ Maria Barbara
...raut am 31.7.1810 mit M.B. Seitz von Neumarkt (Neumarkter Linie) · Josef Franz Geb. 22.12.1792 + · Alois Geb. 4.6.1794

Alois *24.12.1795 · Johann Geb.14.1.1797 · Joh. Alois Geb. 16.5.1798

...ßner ⚭ Maria Barbara
...8.10.1781 mit M.B. Sippl von Harenshofen · Gg.Fr. Gloßner ⚭ Maria Eva
Wird in 2. Ehe getraut am 26.1.1795 mit M.E.Schirl

Zwillinge·Maria Anna·d.a.Kind notget. Geb. 12.4.1730 · Joh. Josef Geb. 5.4.1735 · Franziskus Geb. 1.4.1741

...a Maria · Joh. Anton Geb. 22.6.1716 · Anna Maria Magdalena Geb. 11.11.1719

...org · Joh. Konrad Geb. 13.3.1704 · Maria Eleonore Geb. 12.2.1706 · Gg. Heinrich Geb. 6.1.1708 · Gg. Andreas · Anna Maria Geb. 5.4.1712 + · Anna Margaretha Geb. 5.9.1687

...Margaretha
...0.1695 mit M.Kölbel · Seitenlinie · Joh. Konrad Geb. 25.3.1673 31.1.1750 · Joh. Kaspar Geb. 5.5.1675 · Joh. Leonhard Geb. 27.7.1676 · Gg. Leonhard Geb. 21.7.1678 + · Gg. Leonhard Geb. 24.11.1681

Anna Maria 10.5.1662 m.SCHELLHEIMER · Anton *18.1.39 +7.7.39 · Anton Geb. 6.5.1640 · Georg 6.6.41 +9.7.41 · Barbara 23.3.1643 +22.4.43 · Margaretha Geb. 24.8.1644 +1.10.1644 · Johann Kaspar Geb. 23.10.1647 Gest.11.11.1647

...r ⚭ Kordula Getraut 1666 · Walburga Geb. 16.10.1608 · Walburga Geb. 8.3.1610 + · Eustachius Geb. 22.5.1611 · Margareta Geb. 22.12.1612 · Walburga Geb. 28.9.1614 · Wolfgang Geb. 30.1.1616 · Ulrich *31.10.161

...ßner ⚭ Barbara
Getraut im Nov 1600

...ßner
...ETZGER
...VELBURG

Generation für Generation

Geschichte der Braufamilie Gloßner

Christine Rädlinger

Generation für Generation

Geschichte der Braufamilie Gloßner

Franz Schiermeier Verlag

Inhalt

Kurt Romstöck
Oberbürgermeister i. R.

Die Brauerei Glossner hat sich im letzten Jahrhundert beachtlich entwickelt: Aus einem bürgerlichen Kommunbrauer, der Bier für seine Gäste in einem der Neumarkter Kommunbrauhäuser braute, wurde ein hoch technisiertes Unternehmen, das seine Produkte in ganz Deutschland vertreibt.

In Neumarkt gab es immerhin drei dieser sogenannten Kommunbrauhäuser, in denen die Neumarkter Bürger für den eigenen häuslichen Bedarf, aber auch für Gasthäuser entlang der Marktstraße Bier herstellten. Denn wie berichtet wird, wurde fast in jedem zweiten Haus am Oberen und Unteren Markt Bier ausgeschenkt. Zur Erinnerung an die ehemaligen Kommunbrauhäuser gab der Magistrat einer Gasse im Johannesviertel die Bezeichnung „Bräugasse".

Mag sein, dass damals die vielen Märkte, die in Neumarkt stattfanden, auch zu einem überdurchschnittlichen Bierkonsum beigetragen haben, denn Neumarkt war für ein weites Umland das Zentrum des Marktgeschehens. Diese Tatsache trug vermutlich auch dazu bei, diesem Ort den Namen „Neumarkt" zu geben.

In den bedeutenden Geschichtswerken von Neumarkt wird von den Geschichtsschreibern über das Braugewerbe einiges berichtet. So in der Geschichte des Schultheißenamts und der Stadt Neumarkt von Johann Nepomuk Reichsfreiherr von Löwenthal sowie in der Geschichte der Stadt Neumarkt von Dr. Karl Ried, die aus Anlass der 800 Jahrfeier der Stadt Neumarkt im Jahr 1960 herausgegeben wurde.

Viel bedeutender als heute waren im 19. und 20. Jahrhundert die Bierkeller der Neumarkter Brauereien, in denen während der Sommermonate großartige Feste und Liederabende stattfanden. Im einem meiner Bücher sind mehrere dieser Keller aufgeführt, die noch zu Beginn des 20. Jahrhunderts vorhanden waren.

Auf dem Weinberg Nr. 26 befand sich der Geißler-Keller und vor einigen Jahrzehnten war der Neumüller-Keller noch in Betrieb. Der Dietz-Keller war am Königsberg unter dem Königsschlösschen und der Hirschenwirtskeller oberhalb des Wildbades; dieser Keller wurde an das Kloster Sankt Josef veräußert, 1956 von der Stadt übernommen und als Wasservorratskammer ausgebaut. Im Ersten Weltkrieg züchtete man darin sogar Champignons. In der Nähe des Prälatenwegs, unterhalb des Heiligenholzes, befand sich der Himmelsleiter-Keller und am oberen Ende der Siedlung Höhenberg im Tal der Rößlwirtskeller (Glossner-Keller). Nicht weit davon entfernt war der Keller der Gaststätte Mehl. In der Nähe der Planierung der jetzigen Straße nach Fuchsberg waren die Bierkeller der ehemaligen Brauerei Seitz und entlang der alten Weißmarter die Keller der Brauerei Yberle, die die Tucherbrauerei erwarb und später von den Sprengstoffwerken als Lager für Sprengstoffe erworben wurden und die heute noch als Lagerstätten für Sprengkörper genutzt werden.

Trotz starker Konkurrenz durch die Großbrauereien, die meistens von einem Vorstandsgremium geleitet werden, können sich die drei Neumarkter Brauereien auf dem schwieriger gewordenen Getränkemarkt gut behaupten. Sie passen sich den veränderten Verhältnissen rasch an und haben zudem den Vorteil, sofort entscheiden zu können. Für den Stadthaushalt sorgten sie in den 70er Rezessionsjahren des vorigen Jahrhunderts in ihrem Bereich für ein unverändertes gemeindliches Steueraufkommen.

Die Bürger in unserer Region sind stolz auf das gute Bier, das in den Neumarkter Brauereien hergestellt wird.

Neumarkt i.d. OPf. im November 2009
Kurt Romstöck, Oberbürgermeister i.R.

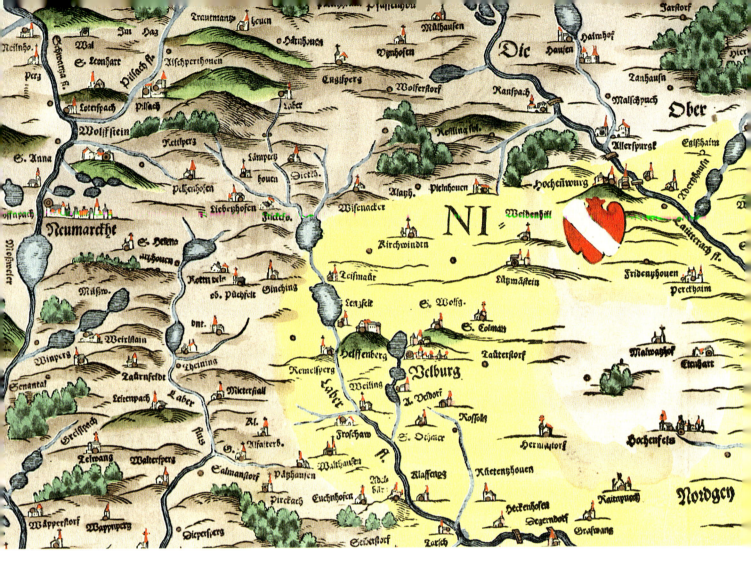

Rudi Bayerl
1. Vorsitzender des
Historischen Vereins
Neumarkt

Bayern war im Mittelalter noch ein Weinland. In Folge von klimatischen Veränderungen ab der 2. Hälfte des 16. Jahrhunderts (sog. kleine Eiszeit) kam der Weinanbau vielerorts völlig zum Erliegen. Die Trinkgewohnheiten änderten sich innerhalb weniger Jahre. Die Wirren des 30-jährigen Krieges führten zu einem Niedergang des Handels mit hochwertigen Nahrungsmitteln. Durch die Reformation verloren im 16. Jahrhundert die Klöster an Bedeutung, viele in unserem Raum wurden auch durch die Säkularisation Ottheinrichs aufgelöst, z. B. Seligenporten (1556) und Gnadenberg (1563), wodurch die Versorgung der Bevölkerung durch die Klosterbrauereien entfiel. Die Bürger in den Städten und Märkten griffen zur Selbsthilfe. Sie erhielten von der Obrigkeit neben dem Bürgerrecht auch das Recht, Bier zu brauen. Zunächst versorgten sie sich selbst und verkauften an die Nachbarschaft das Bier, das sie nach bestimmten Vorschriften in ihren Kommunbrauhäusern herstellten. Der Bedarf an gutem Bier stieg ständig, obwohl es gar nicht so billig war. Um 1750 soll es im Kurfürstentum Bayern über 4 000 Brauereien gegeben haben.

Im Jahr 1574 wird in der Taufmatrikel in Velburg ein junger Mann namens Gregor Gloßner anlässlich der Taufe seiner Tochter genannt. Möglicherweise hat dieser Gregor Gloßner die Zeichen der Zeit erkannt und als seine persönliche Lebensentscheidung den „Zukunftsberuf" des Brauers gewählt. Er hat wohl nicht ahnen können, dass das Bierbrauen für seine direkten Nachkommen 435 Jahre lang bis zum heutigen Tag Lebensaufgabe werden sollte.

Als Vorsitzender des Historischen Vereins von Neumarkt freue ich mich und danke Herrn Franz Xaver Gloßner, dass er nicht nur seit Jahren ein Brauereimuseum betreibt, sondern auch die „Geschichte der Brauerei Glossner" nun in einem sehr ansprechenden Buch präsentiert. Damit wird sowohl ein wichtiger Beitrag zur Neumarkter Wirtschafts- und Industriegeschichte geleistet, als auch am Beispiel einer Neumarkter Familie gezeigt, wie z. B. persönliche Schicksalsschläge gemeistert wurden oder die Katastrophe der Zerstörung der Altstadt und damit auch der Brauerei Glossner im April 1945 durch Mut, Arbeitswillen und Gottvertrauen bewältigt wurde. Außergewöhnliche Prüfungen wurden in der Vergangenheit bestanden, auch in der Gegenwart muss Tag für Tag durch kluges unternehmerisches Denken und Entscheiden die zukünftige Entwicklung gestaltet werden.

Dafür wünsche ich der Firma „Neumarkter Glossner-Bräu" weiterhin viel Erfolg und der Familie Gloßner Gottes Segen.

„Generation für Generation", die Geschichte der Neumarkter Gloßner-Braufamilie ist die Darstellung und Zusammenfassung des Mühens aller Familienangehörigen seit dem Jahre 1574. In der nun 14. Generation wird, wie in den 13 vorher, für das eigene Fortkommen, aber auch für künftige Generationen der Gloßner-Braufamilie gearbeitet. Die Familie steht ein für ihre Familienmitglieder, jeder für jeden!

Das setzt den Erhalt des Unternehmens voraus mit dem Ziel der Förderung der Familie. Dieser Verpflichtung nachzukommen habe ich mich stets bemüht. In Kenntnis dieser Familiengeschichte und deren Zielsetzung fällt es künftigen Generationen sicher leichter, die große Aufgabe der erfolgreichen Weiterführung dieses mittelständischen Familienunternehmens zu wollen und zu meistern.

Mit diesem Buch möchte ich mich bei den Vorgängergenerationen dafür bedanken, dass sie den Grundstock gelegt haben, sogar die totale Kriegszerstörung im Jahre 1945 zu überstehen und den Betrieb fortzuführen. Allen Mitarbeitern, die mich in diesen Jahrzehnten begleitet haben, gilt mein Dank, ebenso meinen Familienangehörigen. Gerne bedanke ich mich mit diesem Buch vor allem auch bei unseren Kunden und Freunden. Dabei schließe ich auch die Verfasserin, die Historikerin Frau Dr. Christine Rädlinger mit ein.

Allen Mitarbeitern, allen Kunden und Freunden unseres Hauses wünsche ich wie auch meinen Kindern und den folgenden Generationen der Gloßner-Braufamilie eine glückliche Zukunft.

Hopfen und Malz, Gott erhalt's!

Neumarkt i.d.OPf., den 1. November 2009, im 436. Braujahr

Franz Xaver Gloßner
Diplom-Braumeister

Franz Xaver Gloßner
mit Lebensgefährtin Sylvia Elrod.

links
Die Braufamilie Gloßner vor dem Eingang
zum Felsenkeller in Höhenberg im Tal,
von links Michael Gregor Gloßner,
Kristina Maria Gloßner, Franz Xaver Gloßner sen.
und Franz-Xaver Gloßner jun.
November 2009.

Einleitung

Brauereien können sich nicht selten eines hohen Alters rühmen, weniger häufig aber findet man Brauereien, die über Jahrhunderte hinweg im Besitz und unter der Führung einer einzigen Familie standen. Die Firma BRAUEREI FRANZ XAVER GLOSSNER & NEUMARKTER MINERALBRUNNEN e.K. in Neumarkt in der Oberpfalz hat nun beides aufzuweisen: Sie kann inzwischen auf eine mehr als 435-jährige Geschichte zurückblicken, die in allen Entwicklungsphasen von der Familie bestimmt wurde, deren Namen sie trägt. Unternehmensgeschichte ist in diesem Fall also auch Familiengeschichte.

Die Anfänge dieses Unternehmens in der kleinen Stadt Velburg waren eher bescheiden. Gregor Gloßner, der Stammvater der Velburger Familie Gloßner, genoss als Bürger das Recht, das eigene Bier nicht nur in einem städtischen Brauhaus, dem „Kommunbrauhaus", zu brauen, sondern dieses Bier auch an Fremde zu verkaufen. Ein Nachkomme Gregor Gloßners, Eberhard, wagte dann den nächsten Schritt und eröffnete ein Wirtshaus, um das Glossner-Bier einem noch größeren Kreis zugänglich zu machen.

Die traditionelle Verbindung Wirtshaus und Brauerei mit eigener Landwirtschaft sollte in den folgenden Jahrhunderten von allen nachfolgenden Braugenerationen beibehalten werden. Die gute Lage eines Wirtshauses in Neumarkt, der Stadt, die schließlich endgültiger Standort der Brauerei Glossner werden sollte, und die Möglichkeit, dort in einer eigenen Privatbrauerei zu brauen, bewogen wohl Franz Josef Gloßner zu seinem Umzug nach Neumarkt. Erst die 13. Generation brach mit der Tradition und wandte sich mit Franz Xaver Gloßner einem neuen

Emailschild der Brauerei aus den 20er Jahren.

Geschäftszweig zu: dem Bierbrauen einerseits und der Herstellung alkoholfreier Mineralwassergetränke anderseits. Die Darstellung dieser eng mit der Familiengeschichte verbundenen Brauerei soll nun Ziel der vorliegenden Untersuchung sein. Eine gewisse Trennung besteht allerdings mittlerweile in der unterschiedlichen Schreibweise der Namen: Glossner für Brauerei und Marke, Gloßner dagegen als Familienname!

Erschwert wurden die Recherchen durch die Tatsache, dass sowohl die Archive der Stadt Velburg als auch Neumarkts während des 2. Weltkriegs großen Schaden litten. Nicht auf alle Fragen, die im Lauf der Nachforschungen auftauchten, konnten daher Antworten gefunden werden. Dass die Geschichte dieser Brauerei doch noch geschrieben werden konnte, ist schließlich der Mithilfe mehrerer hilfsbereiter Personen zu verdanken. Zu nennen sind hier vor allem Frau Petra Henseler vom Stadtmuseum Neumarkt, Herr Frank Präger, Leiter des Stadtarchivs Neumarkt sowie Herr Hans Kaltenbrunner vom Staatsarchiv Amberg; ihnen allen soll an dieser Stelle für ihre freundliche Hilfe gedankt sein. Zu danken habe ich auch Frau Anni Lang vom Historischen Verein Neumarkt für viele wertvolle Hinweise sowie Herrn Josef Höfler (†) aus Neumarkt, der die mühsame Aufgabe auf sich nahm, einen Teil der Briefprotokolle zu exzerpieren. Nicht zuletzt aber möchte ich an dieser Stelle Herrn Franz Xaver Gloßner danken, der die Erforschung der Geschichte seiner Brauerei initiierte und mit großem Engagement bei der Durchsicht des Firmenarchivs behilflich war.

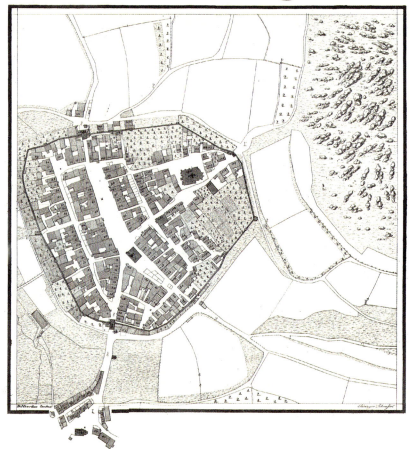

Die Familie Gloßner in Velburg

Im Februar des Jahres 1574 tauft der Velburger Pastor Johannes Schnabel ein Mädchen auf den Namen Margarethe. Als ihr Vater wird Gregor Gloßner genannt, ansässig in Velburg und Bürger dieser Stadt.[1] Mit diesem Eintrag in das Taufbuch der Kirche St. Johann Baptist wird die Familie Gloßner oder Glaßner, wie der Name hier noch geschrieben wurde, in Velburg zum ersten Mal genannt. Den Namen der Ehefrau findet Pastor Schnabel nicht nötig zu erwähnen. Nach der Tochter Margarethe wurden dem Ehepaar Gloßner noch zwei weitere Kinder geboren: im Jahr 1576 Leonhard und vier Jahre später, also 1580, Barbara. Ihre Namen erhielten die Kinder jeweils von ihren Taufpaten: Margarethe trug den Namen Margarethe Steiners, Leonhard erhielt ihn von Leonhard Steiner, dem Vater Margarethe Steiners, und Barbara

links
Katasterplan Velburg 1830

Ansicht von Velburg in der
Pfarrkirche St. Johannes d.T.

Stadt u. Schloß Velburg im Jahre 1427 gemahlt nach einem alten Bild

Wappen der Stadt Velburg auf einer Reklamemarke der Firma Kaffee Hag.

schließlich den Namen Barbara Preuchels, Tochter eines verstorbenen Mitbürgers. Verwandtschaftliche Beziehungen der Taufpaten zumindest zum Vater Gregor scheinen nicht bestanden zu haben; sie wären wohl erwähnt worden.

Ein alteingesessener Velburger war Gregor Gloßner nicht. Welche Gründe ihn dazu bewogen, nach Velburg zu ziehen, lassen sich nur erahnen. Als Handwerk hatte Gregor Gloßner Schweinemetzger gelernt, mit dieser Berufsangabe steht er im Kirchenbuch.[2] Der Beruf des Metzgers war in der kleinen Stadt nicht gerade selten, berufliche Gründe dürften also nicht hinter seinem Zuzug gestanden haben.[3] Auch der Zeitpunkt seiner Übersiedelung ist nicht genau festzustellen. Da das erste Kirchenbuch erst 1574 angelegt wurde, sind hier frühere Nennungen nicht zu erwarten. In den Reichssteuerregistern von 1549 und 1566 sucht man den Namen Gloßner sowohl unter den Velburger Bürgern als auch den Einwohnern ohne Bürgerrecht vergeblich.[4] Gregor Gloßner muss also zwischen 1566 und 1574, dem Jahr der Geburt seiner Tochter Margarethe, zugezogen sein.

Vielleicht war der Grund für seinen Wohnortwechsel die vielversprechende Heirat mit einer Bürgerstochter, die ihm nicht nur eine Mitgift, sondern auch das Bürgerrecht mit in die Ehe brachte. 1574 jedenfalls war Gregor Gloßner, wie schon erwähnt, bereits Bürger von Velburg und besaß damit alle Pflichten und Rechte, die Stadtbürgern dieser Zeit auferlegt waren. Vor allem aber hatte man als Bürger einer Stadt Zugang zu sämtlichen Einrichtungen der Gemeinde, und Gregor Gloßner konnte daher auch im Kommunbrauhaus sein eigenes Bier brauen – ein Umstand, der für die Familie Gloßner zum Grundstein der späteren eigenen Brauerei werden sollte.

Das Kommunbraurecht war ein auf Franken, die Oberpfalz und Teile Niederbayerns beschränktes Recht und im übrigen Bayern und vor allem in der „Bierstadt" München unbekannt. Nach diesem Recht war es jedem Bürger der Stadt gestattet, sein eigenes Bier in dem städtischen Brauhaus, dem Kommunbrauhaus, zu brauen und dieses Bier im

Der xlvj bruder der do starb hieß
herttel preprew.

Bruder Herttel, Bierbrauer
für die Mendelsche Bruder-
schaft in Nürnberg, beim
Bierbrauen (um 1430). Das
über dem Braukessel ange-
brachte Hexagramm dürfte
hier als Schutzzeichen zu
verstehen sein, das den
Brauvorgang vor schlechten
Einflüssen schützen sollte.

Zunftzeichen an der Hausmeisterwohnung in der Schwesterhausgasse.

eigenen Haushalt auch an Verwandte und Bekannte auszuschenken. Dabei konnte sich der Kreis der „Bekannten" auch auf Laufpublikum ausdehnen, das durch einen am Haus ausgehängten „Buschen" auf die Tatsache aufmerksam gemacht wurde, dass man in diesem Haus Bier ausschenkte.[5] Da nicht alle Bürger gleichzeitig brauen konnten, wurde die Reihenfolge der Brauer in den meisten Orten durch die Gemeinde festgelegt.[6] Auf diese Weise war außerdem sichergestellt, dass immer einer der Bürger gerade Bier gelagert hatte und die durstigen Mitbürger sich bei ihm versorgen konnten. In einigen Städten wie Amberg oder eben Velburg war es auch erlaubt, das in den Kommunbrauhäusern gebraute Bier auf das Land hinaus zu exportieren, dies allerdings meist mit einer Beschränkung auf bestimmte Mengen.[7]

Der Sonderstatus, den Bürger der Oberpfalz, Frankens und einiger niederbayerischer Städte damit genossen, wird umso bedeutsamer, wenn man kurz die Verhältnisse in anderen Teilen Bayerns streift. Zumindest in Landshut und in Straubing scheint im Mittelalter ein Braurecht für jeden Bürger bestanden zu haben; in Landshut existierte wahrscheinlich auch ein eigener Stadl, der als bürgerliches Brauhaus genutzt wurde. In Regensburg dagegen, insofern ein Sonderfall, da es als Freie Reichsstadt dem Kaiser, nicht aber dem Bayerischen Herzog unterstand, gab es zunächst zwei Gruppen von Brauberechtigten: einmal die Bürger, die ihr eigenes Bier für den Hausgebrauch brauen durften, und auf der anderen Seite diejenigen Regensburger, die das Brauen als „Amt" vom Kaiser erworben hatten und mit ihrem Bier ihre Kundschaft belieferten.[8]

Und gerade dieses besondere, von einem Landesherrn verliehene Braurecht setzte sich in Oberbayern und großen Teilen Niederbayerns durch. Bestes Beispiel hierfür ist München. Hier war das Bierbrauen bereits im 14. Jahrhundert nur möglich, falls man Inhaber eines vom Herzog übertragenen Amtes war.[9] Das ursprüngliche bürgerliche Braurecht, das Bierbrauen für den Hausgebrauch, scheint zu dieser Zeit bereits verloren gegangen, und das Bierbrauen wurde nun immer mehr zu einer Angelegenheit eigens ausgebildeter Spezialisten, zu einem Handwerk. Und zwar nicht nur in München, sondern auch in anderen Teilen Bayerns.

Rechte Seite
Bierbrauer und Büttner aus dem Ständebuch von Jost Amann, 1568. Im Buch werden den Bildern Reime von Hans Sachs zur Seite gestellt, um den Lesern die Arbeitsabläufe der jeweiligen Handwerke zu erklären.

Der Bierbreuwer.

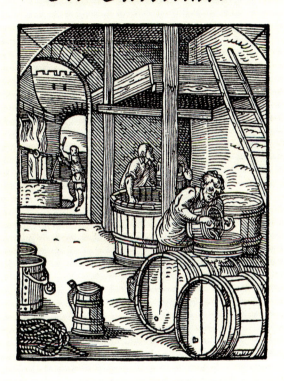

Auß Gersten sied ich gutes Bier /
Feißt vnd Süß / auch bitter monier /
In ein Breuwkessel weit vnd groß /
Darein ich denn den Hopffen stoß /
Laß den in Brennten külen baß /
Damit füll ich darnach die Faß
Wol gebunden vnd wol gebicht /
Denn giert er vnd ist zugericht.

Der Bütner.

Ich bin ein Bütner / vnd mach stoltz /
Auß Förhen / Tennen / Eichen Holtz /
Badwañ / Schmaltzkübl / scheffel vñ geltn /
Die Bütten vnd Weinfässer / weltn /
Bier Fässer machn / bichen vnd binden /
Waschzübr thut man bey mir finden /
Auch mach ich Lägl / Fässer vnd Stäbch /
Gen Franckfurt / Leipzig vnd Lübig.

In Franken dagegen, im Bayerischen Wald und in der Oberpfalz behauptete sich das Kommunbraurecht fast bis in die heutige Zeit. Hier ließen sich im 15. Jahrhundert, als in Oberbayern das Bierbrauen bereits zum Handwerk geworden war und damit nur Auserwählten zustand, einige Städte das Recht aller Bürger „zu brauen und zu melzen" von ihrem Landesherrn bestätigen.[10] Andere Städte dagegen wie Sulzbach-Rosenberg oder Velburg sahen offensichtlich in der Bestätigung des Braurechts keine Notwendigkeit, da ihre in den Privilegien erwähnten „Rechte und Gewohnheiten" auch das Braurecht beinhalteten.[11] Und in der Tat wurde das Kommunbraurecht dieser Städte auch nie angezweifelt. Zu Schwierigkeiten kam es erst, als die Landesherrn (des Fürstentums Pfalz-Neuburg) dem Beispiel ihrer Wittelsbacher Vettern im Herzogtum Bayern folgten und eigene Brauhäuser errichten ließen; auch sie wollten nun teilhaben an dem Reichtum, den das Bierbrauen ganz offensichtlich mit sich brachte.

Gregor Gloßner dürfte allerdings durch das Bierbrauen nicht zu großen Reichtümern gelangt sein. Als er kurz vor 1574 nach Velburg zog, hatte die Stadt nach Aussage des Pfarrers von Regenstauf, Christoph Vogel oder Vogelio, wie er sich nach Art der Humanisten nannte, etwa 133 Häuser und Herdstätten, also 133 Haushalte „hinter der Mauer".[12] Auch wenn nicht die Bewohner aller Häuser das Bürgerrecht besaßen, dürfte dies doch bedeutet haben, dass zusammen mit Gregor Gloßner noch über hundert Bürger das Recht hatten, ihr eigenes Bier zu brauen. Dass sie von diesem Recht auch Gebrauch machten, darauf verweist ebenfalls der gelehrte Pfarrer: „Veldorff (Stath) liegt in einem fruchtbaren und ertragreichen Boden; die Bürgerschaft hat ihre Nahrung von dem Veldbau, der Viehzucht und dem Birpreuen."[13]

Die Stadt Velburg, gezeichnet
von Ignaz Brunner 1817/18.

Damit ist bereits angedeutet, wie sehr man in Velburg – von Vogelio noch Veldorf genannt, obwohl die Erhebung zur Stadt schon um 1400 stattgefunden hatte und damit schon einige hundert Jahre zurücklag [14] – auf den Verkauf des selbst gebrauten Bieres angewiesen war. Wird in Beschreibungen dieser Gegend auf die Möglichkeiten des Broterwerbs eingegangen, ist keine Rede von Handwerk oder Handel; Ackerbau und Bierverkauf blieben auch in der Folgezeit die besten Einnahmequellen. [15] Ihre Kundschaft fanden die Velburger Brauer bei den eigenen Mitbürgern und bei den Dienstboten, die selbst kein Braurecht besaßen. Vor allem aber hoffte man auf die Reisenden, die hier Halt machten, und auf die Bauern aus der Umgebung, die zu bestimmten Tagen in die Stadt kamen, um hier einzukaufen.

Diese Gelegenheit bot sich vor allem zur Zeit der Jahrmärkte und derer hatte Velburg nicht wenige. Seit dem Jahr 1373 trafen sich hier Einheimische und Fremde am Tag „Simon und Judas" (28. Oktober), 1429 kam noch „Pauli Conversio (25. Januar) dazu sowie das Fest der Heiligen Walburga am 1. Mai. Beide Märkte gingen über jeweils drei Tage. 1460 schließlich gab es dann noch die Märkte zu Fronleichnam, zu Sonnwend/ Sankt Johannes am 24. Juni, zu Petri Kettenfeier am 1. August, zu Sankt Gilgen (Ägidius) am 1. September, am Sonntag nach Michaelis (29. September) und am Sonntag nach Mitterfasten (im März). Wie nicht anders zu erwarten, begnügte man sich auch bei diesen Markttagen nicht mit dem jeweiligen Festtag, sondern fügte noch einen Tag davor und einen danach hinzu. [16] In Velburg herrschte damit fast schon ein immer währender Jahrmarkt, der nicht nur reisende Händler anzog, sondern, und dies war viel wichtiger, auch alle kauflustigen Bauern aus der Umgebung, denn meistens war mit dem Jahrmarkt auch ein Vieh- und Schweinemarkt verbunden. Spätestens seit dem 16. Jahrhundert gab es dann auch noch die Möglichkeit, den Wochenmarkt am Donnerstag zu besuchen [17] – an Gelegenheiten, das Velburger Bier zu trinken, fehlte es also nicht. Ebenso wenig aber fehlte es an Anbietern, und der Konkurrenzdruck innerhalb der Stadt war daher groß.

Als weiteres Absatzgebiet des Velburger Bieres stand die Herrschaft Velburg zur Verfügung und möglicherweise auch das pfälzische „Ausland". Velburg war ja bis 1574 „Wispeckhisches Lehen" und später Pfalz-Neuburgisches Territorium; alle übrigen bayerischen Gebiete, also auch die restliche Oberpfalz, galten daher als Ausland. Da jedoch die bayerischen Herzöge sowie auch die pfälzischen Fürsten die Einfuhr fremden oder ausländischen Bieres mit hohen Steuern belegten oder zeitweise sogar verboten,[18] war dieser Absatzmarkt von geringerer Bedeutung. Es blieben als Hauptabnehmer auf dem Land also die Bauern der Herrschaft Velburg[19] sowie die Bewohner derjenigen kleineren Orte, die keine Möglichkeit hatten, ihr eigenes Bier zu brauen.

Aufgrund der für Velburg äußerst schlechten Quellenlage sind die Bedingungen, unter denen Gregor Gloßner brauen konnte, nicht mehr umfassend nachzuvollziehen. Gebraut wurde im städtischen Brauhaus in der Unteren Gasse nahe der Stadtmauer, und zwar zuerst Braunbier und später, als gegen Ende des 16. Jahrhunderts das aus Weizen gebraute Bier in Mode kam, auch Weißbier.[20] Nach Aussage des Stadtkaplans Ignaz Brunner dürfte das Brauhaus im frühen 16. Jahrhundert erbaut worden sein; das genaue Datum ist jedoch nicht mehr zu ermitteln. Angeschlossen war auch eine Malztenne, auf der die Brauberechtigten ihr Getreide lagern und mälzen konnten.[21] Für den Unterhalt der Gebäude war die Stadt zuständig, die Kosten wurden wahrscheinlich, wie in anderen Städten auch, gedeckt aus den Abgaben, die jeder Bürger für seinen Sud zu leisten hatte. Ob bereits zu dieser Zeit ein Braumeister angestellt war, der für den reibungslosen Ablauf der Brauvorgänge sorgte, ist nicht mehr festzustellen.

Für die Bierbeschau, also die Qualitätssicherung des Bieres, sowie aller anderer in der Stadt verkaufter Nahrungsmittel, war die Stadtverwaltung zuständig. Und diese hatte auch auf ein gerechtes Preis-Leistungs-Verhältnis zu achten sowie auf die ausreichende Versorgung der Bevölkerung mit Getreide in Notzeiten: In diesem Fall musste vom Rat ein Brauverbot ausgesprochen werden. Bei den vom Rat zu erlassenden Vorschriften orientierten sich die Velburger sicher an den Gepflogenheiten der umliegenden Städte und Herrschaftsgebiete. Das Velburger Stadtrecht, verliehen um 1400 von Kurfürst Rupprecht III. und noch einmal bestätigt 1410 von Pfalzgraf Johann, war am Amberger Recht ausgerichtet.[22] Es ist daher davon auszugehen, dass man sich in Velburg auch beim Bierbrauen vorrangig an den Amberger Gewohnheiten orientierte.

Da Kühlung nur durch natürliche Mittel möglich war, also z. B. durch die Lagerung in Felsenkellern oder durch aus Flüssen und Teichen gesägtem Eis, musste vor allem der Haltbarkeit des Bieres große Aufmerksamkeit geschenkt werden. In Amberg wurde daher, wie überall in Bayern, abwechselnd das leichtere Winterbier (von Michaeli bis Georgi) und das wegen seiner besseren Haltbarkeit stärkere und besser gehopfte

Satirische Darstellung der „Bierbeschau mit dem Hosenboden" auf einem kolorierten Stich von Joseph Puschkin aus dem 19. Jahrhundert.

Sommerbier (bis Michaeli bzw. März) gebraut. Da offensichtlich besonders beim Sommerbier immer wieder schlechte Qualität ausgeschenkt worden war, wurde im 15. Jahrhundert festgelegt, dass hierfür mindestens 10 Maß Malz genommen werden mussten und daraus nicht mehr als 42 Eimer gebraut werden durften. 20 Eimer ergaben das „mitter" Bier, das bis Sankt Walburga gebraut wurde und 22 Eimer das „vordere" in der Zeit nach Sankt Walburga. Das „mitter" Bier musste um einen Pfennig die Maß verkauft werden und war damit billiger als das „vordere", das eineinhalb Pfennige kostete. Mischte ein Brauer das billigere Bier unter das Normalbier, hatte er ein Pfund Pfennige Strafe zu zahlen (in dieser Zeit eine hohe Summe) und dazu noch seinen Mehrverdienst abzugeben. Brauzeit war bis zwei Wochen nach Ostern, außer es herrschte eine zu warme Witterung, dann war das Brauen früher einzustellen. Nach dem Brauen musste das Bier 10 Tage – später waren es noch 8 Tage – „auf dem Kanter liegen", also lagern.[23]

Die Zutaten des Bieres wurden bald zu einem zentralen Punkt im Katalog städtischer Vorschriften, da einige Brauer offensichtlich immer wieder gesundheitsschädliche Kräuterzusätze untermischten. Einige Städte wie Landshut und München erließen daher die Anordnung, dass Bier nur mit drei Zutaten gebraut werden durfte: mit Wasser, Gerste und Hopfen.[24] Als im Zuge steigender landesherrlicher Kontrollen über alle Lebensbereiche der Untertanen seit dem 16. Jahrhundert in den bayerischen Herzogtümern Landgebote und Polizeiordnungen entstanden, hatten diese auch die Lebensmittelversorgung zum Inhalt. Ein zentraler Punkt war natürlich das Brauwesen. Die städtischen Vorgaben wurden dabei wieder aufgegriffen und noch einmal die drei Eckpfeiler Gerste, Hopfen und Wasser als allein zugelassene Zutaten für Bier festgelegt. Vorreiter war hier das Herzogtum Ober- und Niederbayern mit dem Reinheitsgebot von 1516.[25]

Pfalzgraf Philipp Ludwig von Neuburg, 1612, sorgte in Velburg für die strikte Durchsetzung des evangelischen Glaubens. Vor allem aber ließ er vor den Toren der Stadt Velburg ein neues Brauhaus errichten, das in starke Konkurrenz zu den Velburger Kommunbrauern trat.

Die Gesetzgebung des Herzogtums Bayern hatte auch auf die Territorien ihrer verwandten Nachbarn, das Kurfürstentum Pfalz und das Fürstentum Pfalz-Neuburg, Auswirkungen. Im Fürstentum Pfalz-Neuburg, zu dem Velburg ab 1574 wieder gehörte, hatte der Landesherr im Jahr 1554 die Landesordnung der bayerischen Verwandten von Ober- und Niederbayern in wesentlichen Zügen übernommen. [26] Man kann daher davon ausgehen, dass Brauer damit auch das Reinheitsgebot beachten mussten. Und nicht zuletzt findet sich das Reinheitsgebot in der Gesetzgebung des unmittelbaren Nachbarn, im Oberpfälzer Landgebot Pfalzgraf Friedrichs von 1534. In einer Vorrede wird der Wunsch geäußert, die „Ordnung des Piers halber" möge auch in den übrigen bayerischen Gebieten sowie in Böhmen eingehalten werden. [27] Damit ist angedeutet, dass das Reinheitsgebot in allen Gegenden Bayerns und damit auch in Velburg fast schon Standard geworden war, auch wenn es später noch an den verschiedensten Orten vor allem in Zeiten der Getreideknappheit immer wieder missachtet wurde.

Getreidemangel herrschte in der Oberpfalz auch im Jahr 1573, dem Jahr vor der Geburt Margarethe Gloßners. Um einer drohenden Hungersnot zu entgehen, sollten laut landesherrlicher Verordnung Getreidevorräte angelegt sowie das Bierbrauen eingeschränkt werden und die Leute „sich nicht so viel zutrinken"! Durch den allgemeinen Mangel an Getreide waren sicher auch in Velburg die Braumöglichkeiten eingeschränkt. Das schlechte Erntejahr 1573 blieb jedoch keine Ausnahme, denn als Folge einer allgemeinen Klimaverschlechterung (genannt die kleine Eiszeit) wurden bis ins 18. Jahrhundert kühle, nasse Sommer und dementsprechend magere Ernten die Regel. Nicht nur aus Gesichtspunkten der eigenen Haushaltslage war das letzte Viertel des 16. Jahrhunderts für die Familie Gloßner eine unruhige Zeit. Im Jahr 1540 und noch einmal 1553 hatten Feuersbrünste Teile der Stadt zerstört, ebenso noch einmal im Geburtsjahr Margarethe Gloßners – ein Grund für die schlechte Quellenlage im Stadtarchiv. In den Jahren 1564, 1574 und noch einmal 1586 suchten „Sterbsleuff" Velburg heim, ansteckende Krankheiten wie die Pest mit einer hohen Anzahl von Toten.

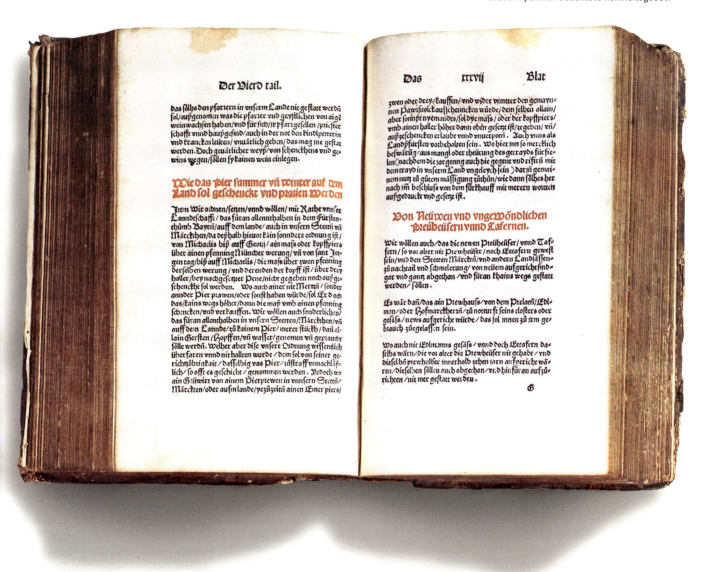

In diesen Zeiten der Angst konnten die Velburger nicht einmal mehr voll Vertrauen an ihrer Religion festhalten. Ihr Landesherr Hans Adam Wispeckh bekannte sich im Jahr 1546 zur Reformation und nahm vorerst die evangelisch-lutherische Lehre an, womit natürlich auch seine Untertanen lutherisch wurden. Später sah er für sich dann jedoch auf der Seite des Herzogtum Bayerns, also der katholischen Seite, bessere politische Chancen. In der Herrschaft Velburg, Stadt und Umland, scheint man daher Katholiken geduldet zu haben, auch wenn die Gemeinde weiterhin von lutherischen Pastoren geleitet wurde. [28] Velburg könnte in dieser Zeit also durchaus Zufluchtsort für Katholiken gewesen sein, Flüchtlinge, die aus Gebieten ausgewiesen worden waren, deren Landesherren den evangelischen Glauben angenommen hatten und ihre Untertanen ebenfalls dazu zwangen. Als das in Glaubensfragen tolerante Ehepaar Wiespeckh im Jahr 1574 kinderlos an der Pest starb, fiel die Herrschaft Velburg zurück an den Fürsten Philipp Ludwig von Pfalz-Neuburg. Dieser hatte sich dem Luthertum zugewandt und verfolgte mit Vehemenz die Ausbreitung der Lehre im ganzen Fürstentum; in Velburg musste man sich also umorientieren. Im Jahr 1618 schließlich wurden die Velburger unter Pfalzgraf Wolfgang Wilhelm wieder zum katholischen Glauben zurückgeführt, und die von diesem Landesherrn veranlasste strikte Gegenreformation dürfte nicht ohne einigen Widerstand vor sich gegangen sein. [29]

Gregor Gloßner und seine Familie lebten also in mehr als unsicheren Lebensverhältnissen, und trotz der nach Aussagen Vogelios' fruchtbaren Äcker und Wiesen rund um die Stadt Velburg dürfte die wirtschaftliche Lage ihrer Einwohner in diesen Zeiten politischer und wirtschaftlicher Unruhe nicht gut gewesen sein. Daher sahen es die streitbaren Velburger Bürger nicht allzu gern, als 1584 ihr Landesherr Herzog Philipp Ludwig von Pfalz-Neuburg direkt vor den Toren ihrer Stadt und angeblich noch innerhalb ihres „Burggedings" (hier galt das städtische Recht) in Altenveldorf ein Brauhaus erbauen ließ. Damit wurden sie natürlich empfindlich in ihren Verdienstmöglichkeiten beeinträchtigt, und sie versuchten vor dem Reichskammergericht eine Einstellung des Baues zu erreichen. [30]

Die Initiative des Herzogs kam nicht von ungefähr. Nach dem Tod des letzten Wispeckh hatten Herzog Philipps Gefolgsleute die Herrschaft Velburg besetzt und trieben nun auch hier die Landsteuer ein, das sogenannte Ungeld, das als Getränkesteuer auf Bier und Wein erhoben wurde. Die Velburger waren jedoch der Meinung, sie hätten dieses Ungeld nicht an den Herzog abzuführen. Sie zogen vor das Reichskammergericht, um auf diesem Weg die Steuersache zu ihren Gunsten zu entscheiden. Mittlerweile jedoch belegte der Herzog jede Bierlieferung aus Velburg hinaus ins Umland mit hohen Ungeldabgaben und verbot sämtlichen Untertanen der Herrschaft Velburg, in der Stadt Bier zu kaufen oder Getreide in die Stadt zu liefern, eine Tatsache, die die Velburger besonders erboste, da einige von ihnen den Bauern auf dem Land bereits Vorschüsse auf ihre Ernteerträge bezahlt hatten. Da nun aber die Bierlieferungen auf das Land zum Erliegen kamen, musste die Landbevölkerung auf anderem Wege versorgt werden: Herzog Philipp Ludwig ließ das erwähnte Brauhaus bauen, das sofort den Betrieb aufnahm und anscheinend auch noch von Brauern aus der Stadt betrieben wurde.[31]

Auch wenn die Gründe für den Bau des Brauhauses nicht allein in der Versorgung der darbenden Landbevölkerung liegen mochten, wie von herzoglicher Seite behauptet wurde – wirtschaftliche Erfolge erhoffte sich der Landesherr sicher auch –, so wird doch mit dieser Aussage der Stellenwert, den das Bier in dieser Zeit einnahm, deutlich. Bier war ein Grundnahrungsmittel, das jederzeit in ausreichender Menge zur Verfügung stehen musste. Der Landesherr oder auch die Stadtobrigkeit hatten dafür Sorge zu tragen, dass dieses Grundnahrungsmittel nicht nur in guter Qualität, sondern auch ausreichend vorhanden war. Und mit zahlreichen Verordnungen wurde dieser Anforderung auch Rechnung getragen. Nur in Zeiten schlechter Ernten oder in Hungerjahren stand die Versorgung mit Brot an erster Stelle.[32]

Pfalzgraf Wilhelm von Neuburg, ca. 1640. Unter seiner Herrschaft mussten die Einwohner Velburgs wieder den katholischen Glauben annehmen.

Kaiserlicher Befehl von 1707 aus dem Brauereimuseum, das Weißbiermonopol der bayerischen Herzöge zu achten. Während der Besetzung Bayerns durch Österreich 1704 bis 1714 versuchte die kaiserliche Administration das Braumonopol auch weiterhin durchzusetzen und sich die bedeutenden Erträge der kurfürstlichen Weißbierbrauereien zu sichern. Velburger Brauer waren davon nicht betroffen, da sie selbst ein kaiserliches Braumonopol besaßen.

Für die Velburger verlief ihre Sache ungünstig. Herzog Philipp Ludwig schickte Truppen, die die Stadt zuerst vom Burgberg aus beschossen und schließlich einnahmen. Einige Bürger wurden festgenommen und in das Neuburger Gefängnis gebracht, ihr Bürgermeister hingerichtet.[33] Auch vor dem Reichskammergericht blieben sie erfolglos. Sie mussten zahlen und das neue Brauhaus wurde nicht geschlossen. Der Landesherr hatte sich durchgesetzt, die Velburger Brauer hatten einen weiteren Konkurrenten zu bekämpfen.

Josephus von Gottes Genaden / Erwöhlter Römischer Käyser / zu allen Zeiten Mehrer deß Reichs / König zu Hungarn / und Böheimb / rc.

WIr hätten gäntzlich darfür gehalten / es wurde / zu Folg der bey voriger Regierung zu verschaidentlichen mahlen / und sonderbar in Anno 1691. so ernstlich außgefertigten Generalien und beschehenen Verbott / vermög deren sich keiner mehr / was stands der auch seyn möge / und zwar bey Verlierung seiner habenden Breus-Gerechtigkeit / unterstehen solle / ainiges Bier auff die weisse Arth / und obere Gier zu seiner Nothdurfft zu breuen / vil weniger Zuverleithgeben / oder ihre habende Tafern damit zubeschlagen / sondern sich deßen gäntzlich enthalten / kein widriges geschehen seyn / ungeacht deßen aber bezaigt sich auß denen seither vilfältig eingelangten Berichten so vil / daß zu großem Nachtheil Unserer weissen Breuhäuser / dises Bierbreuen auff die weisse Arth annoch und gleichsam ungescheucht Dingen / fortgesetzt werde / worauß erscheinen will / daß die jenige / welche solchen ergangenen Generalien zugegen handlen / allerdings darfür halten wollen / samb sie an dises Gebott bey jetziger Regierung nicht mehr gebunden wären / sondern vil mehr Macht und Gewalt hätten / das Bier nach ihren Gefallen vor sich zu breuen / oder wohl gar verschleissen und verleithgeben zlaßen / welch sträfflicher Interpraetation und Undernemmen aber / wsein Weiß längers also zuegesehen oder verstattet werden kan. Diemnach dann zu Conservirung unsers Interesse und Abhelffung der immerdar von Unsern Breu-Beambten / und andern darwider einbringenten Beschwärden / wir Allergnädigst bewogen worden / solch bey voriger Regierung ergangene Generalia mit nachtrucklichem Ernst repetiren laßen / mit gemessner allergnädigsten Anbefelhung / daß so wol denen Geist- und Weltlichen Landständen / oder andern Hofmarchs-Inhabern / als auch denen Städt / und Märckten / niemand außgenommen / dise unbefeugte Anmaßung deß Bierbreuens auff die obere Gier / oder nach weisser Art / so wol für die Religiosen / als unterm Schein der Hauß-Nothdurfft / oder vorgebend zur Medicin benöttigten und solcher Gestalten zugerichteten Truncks / vil weniger zu Verleitgebung deßen / oder ihre habende Tafern damit zubeschlagen / wo kein special-Concession verhanden / widerholter mit geschärfftem Ernst / und mit der außtruckentlichen Commination. abgekhafft seyn soll / daß sofern sich ain oder anderer / wer der auch seyn mag / wider dises Verbott deß geringsten understehen / wir solchen so wol mit höchster Ungnad und Straff / als nemblich das erst mahl mit drey hundert / das ander mahl aber ohne einige Gnad nach gestalten Dingen die Gerechtigkeit deß Winter- und Sommer-Bierbreuens gar uffheben / und anziehen: Die jenige aber / so ohne habende Breus-Gerechtigkeit sich einigen Biersiedens undernemmen werden / mit noch weith schärffern und exemplarischen Straffen ansehen laßen wurden / warnach sich jedermänniglich vor Schaden zuhüten weiß / allermaßen jedes Orths Obrigkeit mit allem Ernst hiemit eingebunden wird / bey höchster Ungnad / entlich oder wol auch Entsetzung der Dienst ob diser Abschaffung stricte zuhalten / inmaßen dieselben / auf allen fahl da sie mit Grund erfahren wurden / daß sich jemands ohne habende special-Concession understehen thäte / wenig oder vil / auch mit Hindansetzung der Zeit / das Bier auff die obere Gier zusieden / oder sonsten nach weisser Arth / oder auch in anderweeg zu breuen / daßelbe alsobald ohne Anfehung einigen Respects / zur allhiesigen unser aufgestellten Administration Aller... hiemit zuberichten. Geben zu München den 27. Monats-Tag Augusti im Sibenzehen hundert und sibenden Jahr.

Ex Commissione Administrationis
Caesareae.

Der Dreißigjährige Krieg brachte schließlich nicht nur im Jahr 1634 eine kurze Zeit unter schwedischer Besatzung[34], sondern eine längere Periode wirtschaftlichen Niedergangs. Gegen Ende des 17. Jahrhunderts versuchten daher die Velburger die inzwischen in Vergessenheit geratenen Wochenmärkte wieder zu beleben; als Gründe für ihre Eingabe bei Hof gaben sie den übermäßigen Export von Getreide und anderer Lebensmittel an. Ein weiterer Grund dürfte jedoch die Tatsache gewesen sein, dass bei den Wochenmärkten wieder Kundschaft für die Brauer in die Stadt kam.[35] Auch die Versuche des Neuburger Landesherrn, in seinem gesamten Territorium ein Weißbiermonopol nach dem Vorbild seiner kurfürstlichen Verwandtschaft in München einzuführen, hätte sich für die Velburger sehr zum Nachteil auswirken können. Glücklicherweise jedoch hatten sie sich schon 1647 ihr Brauprivileg für beide Sorten, sowohl für Braun- als auch für Weißbier, bestätigen lassen.[36] Von dieser Seite drohte also keine Gefahr.

Weit bedrohlicher gestalteten sich für die Velburger Brauer und Wirte jedoch bald die fürstlichen Versuche, Handwerk und Gewerbe wieder auf die Beine zu helfen. Dies sollte vor allem durch eine Beschränkung der Anzahl aller Betriebe auf ein Minimum erreicht werden. Allen Neugründungen aber sollte ein Riegel vorgeschoben werden, um auf diese Weise den bereits bestehenden Betrieben ein gesichertes Auskommen zu garantieren – ein Verfahren, das seit dem 16. Jahrhundert in allen Fürstentümern als beliebtes Mittel der „Wirtschaftsförderung" angewandt wurde. Um einen besseren Überblick über die Versorgungslage zu gewinnen, hatten alle Orte im Herzogtum Pfalz-Neuburg eine „Beschreibung von Tafern und Braustätten" einzusenden, darunter auch die Stadt Velburg. Bei dieser Gelegenheit konnte man feststellen, dass in Velburg im Jahr 1710 insgesamt 14 Weiß- und Braunbierzäpfler ihr Bier verkauften, darunter auch ein Georg Gloßner[37], Ururenkel des ersten Gregor Gloßners. Angesichts der geringen Einwohnerzahl Velburgs – noch im Jahr 1773 wurden lediglich 740 Personen gezählt[38] – war dies doch eine ganze Menge.

Velburg im 18. Jahrhundert nach einem
Ölgemälde des Velburger Apothekers und
Bürgermeisters Jakob Konrad Oehl.

Bei der erwähnten Aufstellung sollte auch über einen Punkt Auskunft erteilt werden, der in Velburg vorerst auf Unverständnis gestoßen sein dürfte, nämlich über die Frage nach der Taferngerechtigkeit. Damit war die Berechtigung nicht nur zum Ausschank von Wein, Bier und Branntwein gemeint, sondern auch zum Ausgeben von Speisen, zum Abhalten von Festen wie Hochzeiten oder Jahrestagen sowie das Recht, die Gäste auch über Nacht zu beherbergen. Wie sich zeigen sollte, wurde die Frage nach der Taferngerechtigkeit in Velburg Anlass zu einem langwierigen Rechtsstreit mehrerer Wirte, ein Streit, der sogar über zwei Generationen ausgedehnt wurde.

Frauen lösen nach der Ernte die Hopfendolden aus den Ranken; kolorierte Lithografie des 19. Jahrhunderts im Brauereimuseum.

Zuerst einmal wurde von den fürstlichen Beamten festgestellt, dass in Velburg keiner der befragten Wirte eine verbriefte Taferngerechtigkeit vorweisen konnte. Man erlaubte daher allen, sich eine solche für zwölf Gulden zu erkaufen. Von diesem Angebot machten aber nur die wenigsten Gebrauch, Der Rest hatte entweder die Tätigkeit als Wirt bereits wieder aufgegeben, konnte sich den Brief nicht leisten oder sah keine Notwendigkeit, auf diese Neuerungen einzugehen. Denn die Tafernwirtschaft war eine „ausländische" Einrichtung, die in den Städten der Oberpfalz mit ihren Kommunbraurechten nicht gepflogen wurde oder wie sich der Rat der Stadt nach einem Blick in die eigene Registratur äußerte: „hier war und ist keine noch mehrere Tafern". Jeder Bürger habe aber das Recht, Wein und Bier zu zapfen, und dabei habe es nie eine „Difficultät" gegeben.[39]

Ansicht Velburgs aus den 1920er oder 1930er Jahren.

Die meisten Wirtshäuser in Velburg waren offensichtlich im Laufe des
17. Jahrhunderts entstanden. Um den wirtschaftlichen Niedergang
aufzuhalten, versuchten viele Handwerker das bisher nur für den eigenen Gebrauch gebraute und nur an einigen Tagen im Jahr öffentlich
ausgeschenkte Bier auch in der übrigen Zeit an die Kundschaft zu bringen. Sie brauten nun öfter im Kommunbrauhaus und verkauften ihr
Bier zwar weiter im eigenen Haus, hingen nun jedoch ein eigenes
Wirtshausschild auf, um damit anzuzeigen, dass in ihrem Haus eine
„Zapfstelle" zu finden sei, die zu einer dauerhaften Einrichtung geworden war. Wie an allen anderen Orten wiesen die Wirtshäuser in Velburg
vor allem Tiernamen auf, z. B. der Schwarze Bär, der Goldene Adler, das
Weiße oder das Rote Rössl.[40]

In der Familie Gloßner hatte man den gleichen Weg beschritten. Sowohl der Sohn als auch der Enkel des ersten Gloßners' in Velburg, beide auf den Namen Leonhard getauft, ergriffen den Beruf des Vaters und wurden Metzger. Aber schon der Urenkel Eberhard ging zu einem Bäcker in die Lehre, und diese Berufswahl blieb für einige Generationen in der Familie die erste Wahl. Nach Aussage des Bürgermeisters von Velburg, Johann Georg Ernst Haffner, kam dann bereits dieser Eberhard Gloßner (1638–1695) auf den Gedanken, sein Bier einer breiteren Öffentlichkeit zugänglich zu machen und ein Wirtshaus zu eröffnen.[41] Mit dem Bierbrauen vertrug sich das Bäckerwesen gut, denn als Bäcker hatte man guten Zugang zu den Grundstoffen.

Eberhard Gloßners Enkel Georg Andreas beschloss, sich nun ganz dem Bierbrauen und seiner Tätigkeit als Wirt zu widmen, entfernte als Zeichen seiner Abkehr vom Bäckerhandwerk sein Handwerkszeichen und ersetzte es durch ein Wirtshausschild. Als Motiv hatte er sich eine Traube gewählt. (1729 gab es in Velburg noch eine „Goldene Weintraube"; deren Wirt wollte jedoch nach eigener Aussage sein Wirtshaus aufgeben, da er keinen Nutzen daraus zog.[42]) Die Geschäfte Georg Andreas Gloßners gingen gut. Zu ihm kamen nicht nur Verwandte und Bekannte, um sein Bier zu trinken, sondern er richtete auch wie schon sein Vater Hochzeiten aus, und einige Handwerkerverbände feierten ihre Zunfttage bei ihm. Daneben hatte es der umsichtige ehemalige Bäcker verstanden, sein Haus als offizielle Herberge für wandernde Bäckergesellen zu etablieren. Gloßner sott daher jedes Jahr etwa sechs- oder siebenmal Bier im Kommunbrauhaus.[43]

Bei der großen Anzahl von Wirtschaften im Ort war natürlich der Druck der Konkurrenz groß. Einigermaßen überleben konnte hier nur derjenige, der den größten Kundenstamm aufzuweisen hatte. Der wieder entstand nur dort, wo „der beste Trunk" zu holen war oder „die Neigung der Leute zum Vergnügen" am ehesten befriedigt wurde, wie sich Velburgs Bürgermeister Haffner ausdrückte. [44] Die Zeiten waren wieder einmal besonders hart, da es anlässlich des Österreichischen Erbfolgekrieges zum Durchzug von Truppen gekommen war. Die größeren

Postkarte aus dem Velburger
Stammhaus der Gloßnerschen
Braufamilie, heute im Besitz der
Familie Kirchinger-Mally.
Links unten der Sommerkeller
an der Straße nach Lengenfeld,
links oben die Gaststätte
„Zur Blauen Traube", ehemals
am Velburger Marktplatz.

Wirte am Ort hatten noch dazu am meisten unter Einquartierungen
zu leiden gehabt – Abhilfe tat also Not.

Zwei der Konkurrenten Andreas Gloßners, darunter auch seine eigene
Schwester, die die teure Tafernkonzession erstanden hatten, klagten
nun gegen den konzessionslosen Gloßner und forderten die strikte
Einhaltung der landesherrlichen Bestimmungen. Unterstützt wurden
sie dabei vom pfalzgräflichen Kastner von Schatte, der auch in Velburg
die Gesetze seines Herrn durchzusetzen versuchte und sich indigniert
über einen Ort äußerte, an dem „kein Wirt und öffentlicher Gasthof"
sei, „aber Schuster, Schneider, Leinweber Bier brauen und ausschenken
können in ihren Handwerkshäusern". Auf diese Weise könne ja der
„ganze Ort zum Wirtshaus werden".[45] Andreas Gloßner wurde daher
die Ausübung einer Taferngerechtigkeit bei 20 Talern Strafe untersagt.
Bürgermeister Haffner trat nun als Verteidiger alter Velburger Rechte
und Gewohnheiten auf, forderte die Rücknahme der seiner Meinung
zu Unrecht verhängten Strafe und pochte auf die Rechte des Tüchtige-
ren oder in diesem Fall des besseren Wirtes.[46]

Wie es scheint, musste sich Kastner von Schatte eines Besseren belehren lassen, da nun auch die Hofkammer das Recht der Velburger auf „freie Berufswahl" anerkannte, ausgenommen die Gerechtigkeit als Weinwirt. Ein weiterer Versuch, diese alte Gewohnheit einzustellen und lästige Konkurrenten auf diese Weise loszuwerden, wurde noch einmal im Jahr 1774 unternommen. Auch diesmal war ein Gloßner als einer der Kläger bei der Hofkammer aufgetreten, nämlich Georg Joseph Gloßner, Gastgeb im Weissen Rössl, und einer der Beklagten war der Traubenwirt Andreas Gloßner. Doch noch einmal scheiterten die Kläger und das Gasthaus „Zur Traube" war längst zur festen Einrichtung geworden. Die Geschäfte gingen so gut, dass gegen Ende des 18. Jahrhunderts der Traubenwirt Georg Friedrich Gloßner zwei Häuser, einen Stadl, 1 ¼ Tagwerk Garten und 15 ¼ Tagwerk Ackerland in und um Velburg besaß und eine vergleichsweise hohe Steuersumme von 19 Gulden und 42 Kreuzer zu zahlen imstande war. [47] Im Jahr 1801 wird dann Friedrich Gloßner noch einmal in der Reihe derjenigen Wirte genannt, denen das alte Recht zugestanden wurde, an ihrer bürgerlichen Behausung ein Schild für den Wirtschaftsbetrieb aufzuhängen. [48]

„Hopfenlese" – kolorierte Lithografie
im Brauereimuseum.

Neumarkt

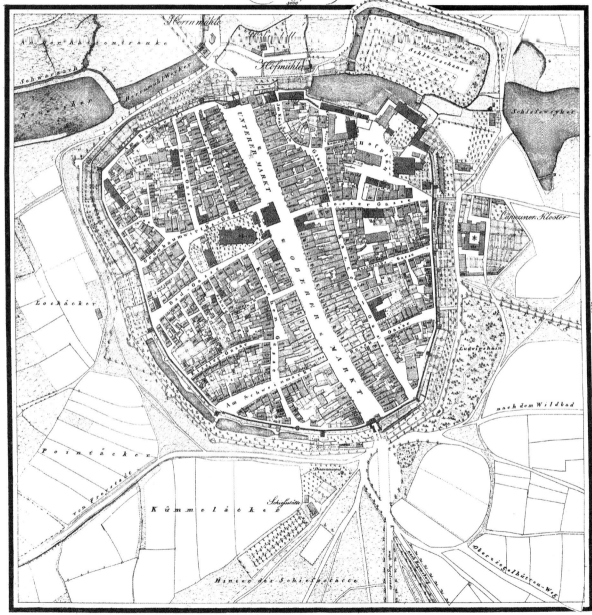

Der Umzug nach Neumarkt in der Oberpfalz

Wieder einmal war es eine Heirat, die den Geschicken eines Zweiges der Familie Gloßner eine neue Richtung gab. Als im Jahr 1810 der Sohn und Erbe des 1807 verstorbenen Velburger Traubenwirts Friedrich Gloßner mit dem Vornamen Franz Josef die Neumarkter Wirtstochter Maria Barbara Seitz ehelichte, „erheiratete" er damit gleichzeitig eine Option auf Braurechte im Brauhaus des ehemaligen Kapuzinerklosters in Neumarkt. [49] Vorerst allerdings blieb das junge Paar in Velburg und bewirtschaftete die „Traube".

links
Katasterplan Neumarkt 1831

Neumarkt i.d.OPf. auf einer Lithografie von 1830.

Im Juni 1824 erwarb Franz Josef Gloßner ein Haus mit Garten in Neumarkt sowie weitere Grundstücke in und außerhalb der Stadt von seiner Schwiegermutter Margarete Seitz. Bereits im Mai hatte der Neumarkter Magistrat ihm das Recht auf Ansässigmachung als Bierbrauer in der Stadt solange erteilt, „als bei seinem Vermögen an seinem ordentlich häuslichen Fortkommen kein Zweifel" entstünde, und einem Umzug konnte nun nichts mehr im Wege stehen. Sein Haus musste sich das Paar noch mit der Mutter der Ehefrau teilen, die sich beim Verkauf

Die Stadt Neumarkt i.d.OPf. nach einem Stich von Matthäus Merian (1644).

kostenloses Wohnrecht in zwei Zimmern und Küche im Oberstock ausbedungen hatte. [50] In den folgenden Jahren erstand die Familie weitere Grundstücke und Waldanteile um Neumarkt [51], und als im Dezember 1828 nach dem frühen Tod des Besitzers die Gastwirtschaft „Zum Stern" in zentraler Lage am Oberen Markt zum Verkauf stand, ergriff Franz Josef Gloßner die Gelegenheit und kaufte das gemauerte Gasthaus samt Ausstattung und Hofbrunnen um einen Preis von 4400 Gulden und 6 Carolin Leihkauf. [52]

Sowohl die Lage der Gastwirtschaft im Ort als auch der Ort selbst waren klug gewählt. Während die Velburger Wirte angewiesen waren auf die Besuche der Bauern der näheren Umgebung, war der Einzugsbereich der Neumarkter Gastwirte wesentlich weiter ausgedehnt. Da die Stadt wichtiger Knotenpunkt zweier großer Verkehrsstraßen war, der großen Fernverkehrsstraße und ersten Postverbindung Deutschlands von Frankfurt über Nürnberg, Neumarkt und Regensburg nach Wien und der Straße von München über Ingolstadt nach Amberg, stiegen hier jeden Tag Reisende und Fuhrleute ab, die mit Unterkunft, Speis und Trank versorgt werden wollten. Auch die acht Jahrmärkte waren so gut besucht, dass in der Stadt großes Gedränge herrschte und Durchreisende an diesen Tagen die Stadt umfahren mussten, da auf dem Markt ein Durchkommen unmöglich war. Und schließlich zog die jeden Montag stattfindende Schranne mit einem beträchtlichen Umsatz an Getreide eine große Anzahl an Bauern und Händler in die Stadt. [53]

Neben ihrer Funktion als wichtiger Verkehrsknotenpunkt hatte sich die Stadt Neumarkt außerdem zu einem Zentrum der staatlichen Verwaltung entwickelt, denn sie war nicht nur Sitz des königlichen Landgerichts und des Rentamts, sondern auch des Forstamts für die Landgerichtsbezirke Hiltpoltstein, Kastl und Parsberg und damit Anlaufstelle für alle Personen aus den umliegenden Orten. Und nicht zuletzt beherbergte Neumarkt als Garnisonsstadt zwei Eskadron Kavallerie (Chevauxleger) in den eigenen Mauern, in diesen Zeiten nicht nur eine wirtschaftliche Bereicherung, sondern auch eine Belebung des gesellschaftlichen Lebens. [54]

Wochen- Blatt

für   die

k. Stadt   Neumarkt

und die königlichen Landgerichts-Bezirke

Neumarkt, Hilpoltstein, Kastel und Parsberg.

Nr. 12.   Sonntag, den 19. März.   1843.

Niemals denke, du seist ein besserer Mensch, als der Freund ist,
Blickst du stolz herab, scheuchst du die Freundschaft hinweg.
Vezd.

Neumarkter Schrannen-Anzeige vom 31. Oktober. 1842.

Getreid-Gattungen.	Lezter Rest.	Neue Zufuhr.	Gesamt-Summe.	Ver-kauft.	Rest.	Höchster		Mittel		Niedrigst.		Nachd.Mittelpreise gestiegen		gefallen.	
	Schfl.	Schfl.	Schfl.	Schfl.	Sch.	fl.	kr.	fl.	kr.	fl.	kr.	fl.	kr.	fl.	kr.
Weizen	—	174	174	174	—	15	29	15	20	14	51	—	5	—	—
Korn	—	111	111	111	—	10	59	10	46	10	11	—	32	—	—
Gerste	—	282	282	282	—	10	24	10	44	10	9	—	—	—	2
Dinkel	—	2	2	2	—	—	6	—	—	—	—	—	24	—	—
Haber	—	290	290	290	—	7	12	7	9	6	57	—	5	—	—

Hilpoltsteiner Schrannen-Anzeige vom 25. Oktober 1842.

Getreid-Gattungen.	Lezter Rest.	Neue Zufuhr.	Gesamt-Summe.	Ver-kauft.	Rest.	Höchster		Mittel		Niedrigst.		Nachd.Mittelpreise gestiegen		gefallen.	
Weizen	—	—	—	—	—	—	—	—	—	—	—	—	—	—	—
Korn	—	2	2	2	—	—	—	9	48	—	—	—	—	—	—
Gerste	—	12	12	12	—	10	45	10	33	10	21	—	—	—	27
Dinkel	—	16	16	16	—	6	18	6	14	6	10	—	5	—	—
Haber	—	6	6	6	—	6	48	6	31	6	15	—	—	—	21

Viktualien-Tare für den Monat Okt. 1842.

Brod-Tare.

	Pf.	Lth.	Qt.	S.
1 Kreuzersemmel muß wiegen	—	6	1	—
Ein Laib oder Kipf römisches Brod zu 3 kr.	—	22	1	1
Ein Laib Roggenbrod zu 12 kr.	4	12	2	2
Ein Laib Roggenbrod zu 6 kr.	2	6	1	1

Mehl-Tare.

	fl.	kr.	pf	hl.
Ein Maßl Mundmehl	—	6	1	—
» » Semmelmehl	—	5	—	—
» » Mittelmehl	—	4	—	—
» » Pohlmehl	—	3	—	—
Ein bayer. Metzen Roggenmehl	1	22	—	—
1 Maßl Weizengries	—	10	—	—
1 Maßl gerollte Gerste	—	8	—	—

Fleisch-Tare.

	kr.	pf.
Ein Pfund Mastochsenfleisch	9	—
» » gutes Ochsenfleisch	8	2
» » Kuhfleisch	8	—
Heu à Zentner	2 fl. 42 kr.	
Stroh à Zentner	1 fl. 36 kr.	

Bier-Tare.

	kr.	pf.
Die Maß braunes Sommerbier vom Ganter	4	—
» » im Schenkpreise	4	2
» » incl. des Bierpfennings	4	5
» » Weizenbier	5	—

Im Druck und Verlag bei Anton Hinderhuber.

Jeden Montag gab es in Neumarkt einen großen Getreidemarkt, der Neumarkt zum Anziehungspunkt für Bauern und Händler aus der Region werden ließ. Im Wochenblatt wurden die dabei erzielten Getreidepreise veröffentlicht.

Dieser Ausschnitt aus dem Stich von Matthäus Merian zeigt den Bereich des heutigen Brauereigeländes an der Schwesterhausgasse. Es liegt knapp vor dem linken Teil der Stadtmauer und reicht etwa vom Rundturm (Mottlerturm) mit Nebengebäude bis zum dritten eckigen Turm.

Für die Wirte der Stadt war also ausreichend Kundschaft vorhanden. Große Zechen wurden bezahlt und Ställe mit so gutem Gewinn vermietet, dass man sich in Amberg, immerhin der Hauptstadt der Oberpfalz, darüber Gedanken machte, ob man den Amberger Bürgern nicht ebenfalls zu dieser guten Erwerbsquelle verhelfen könnte. [55] Die weiteren Verdienstmöglichkeiten waren in Neumarkt allerdings begrenzt. Da die Böden um Neumarkt sandig sind, blieben Erträge der Landwirtschaft und der Waldwirtschaft gering. Das Handwerk beschränkte sich noch zu Anfang des 19. Jahrhunderts auf das Nahrungsgewerbe, also vor allem auf Bäcker und Metzger, und auf die Versorgung der Einwohner mit den Dingen des täglichen Gebrauchs durch die Hafner, Schmiede oder Glaser. [56]

Beschränkt auf die – immerhin äußerst ertragreiche – Möglichkeit des Broterwerbs als Wirt nutzten diese Gelegenheit natürlich viele Neumarkter. Wie schon in Velburg war daher angeblich jedes dritte oder vierte Haus an der Hauptstraße eine Gastwirtschaft.[57] Dies war trotz landesherrlicher Einschränkungen und fehlender Gewerbefreiheit möglich, da auch die Stadt Neumarkt das Kommunbraurecht besaß, jeder Bürger damit in einem der drei Kommunbrauhäuser brauen konnte und das Bier ausschenken durfte, wann immer er an der Reihe war. Daneben war auch das Brennen von Branntwein gestattet sowie das Ausschenken von Wein. Lediglich für die Beherbergung und die Verköstigung fremder Gäste benötigte der Wirt eine Taferngerechtigkeit. Die Abfälle des Bierbrauens und des Brennens von Branntwein wurden wieder für die Aufzucht von Vieh verwendet, und die Stadt wurde auf diese Weise nicht nur zum Umschlagplatz für Vieh, sondern auch zum Zentrum des Bier- und Branntweintrinkens, wie ein erboster Zeitgenosse feststellte, der gegen dieses „Unkraut im bürgerlichen Gewerbe" wetterte.[58]

Auch das Gasthaus „Zum Stern" konnte sich offensichtlich über Kundschaft nicht beklagen. Kurze Zeit jedoch, nachdem Franz Josef Gloßner dort Wirt geworden war, wohl im Januar 1829, starb seine Frau. An eine lange Trauerzeit war für einen Wirt mit sechs Kindern, deren ältestes gerade 17 Jahre alt war, nicht zu denken. Bereits im März gleichen Jahres trug sich der Witwer deshalb mit Heiratsabsichten und ließ aus diesem Grund das den Kindern zustehende Muttergut notariell festlegen. Den Kindern wurde das gesamte Heiratsgut von 6000 Gulden, die seine Frau mit in die Ehe gebracht hatte, zugestanden, ein Zeichen für die Solvenz des Brauers und Bierwirts. Und noch im gleichen Monat ergriff die neue Wirtin das Regiment.[59]

Das in der Gastwirtschaft „Zum Stern" ausgeschenkte Glossnersche Bier wurde nicht wie das der übrigen Neumarkter in einem der Kommunbrauhäuser gebraut, sondern in dem ehemaligen Brauhaus der Kapuziner außerhalb der Stadtmauer.[60] Die „Bräugerechtsame" oder Braurechte in diesem Gebäude teilte sich Gloßner mit seinem Schwager, dem Hechtenwirt Johann Seitz, ebenso den Klosterkirchen-Stadel und den

Bergkeller hinter dem Wildbad (heute Sturmwiese) als Lagerraum für das Bier. Die Braugerätschaften hatte Gloßner noch von seinem Schwiegervater übernommen. Er selbst baute sich im Haus einen eigenen Gärkeller. Franz Josef Gloßner war damit einer der ersten Privatbrauer am Ort.[61]

Schon bald kam es allerdings in der Brauerei zu Konflikten mit dem verschwägerten Mitbrauer und Mitbesitzer und der Sternwirt fasste daher zusammen mit seinen zwei ältesten Söhnen Anton und Josef den Entschluss, ein eigenes Brauhaus zu bauen. Um den Streitigkeiten ein Ende zu setzen, verkaufte Gloßner deshalb im April 1831 seinen Anteil am Kapuzinerbrauhaus an seinen Schwager und behielt nur die ihm

Romantisierende Darstellung der Stadt Neumarkt i.d.OPf. auf einer Zeichnung des Künstlers Harald Schmaußer aus dem Jahr 2004. Schmaußer vereinte in seiner Zeichnung existierende Bauelemente zu einer Gesamtansicht, womit die ausgewogene Komposition eines Stadtbilds entstand, das so in der Realität nie existierte.

zugesprochene Hälfte des Stadels im ehemaligen Kloster sowie des Bergkellers hinter dem Wildbad.[62] Besonders der Kelleranteil war für den Wirt und Brauer von großer Bedeutung, da die kühle Lagerung des Bieres damals noch ohne Elektrizität vor sich gehen musste und das Bier bei unsachgemäßer Lagerung schlecht werden konnte. Aus diesem Grund war in den Sommermonaten der Biertransport aus den Bierkellern in die Gasthäuser nur in der Nacht zwischen 6 Uhr abends und 6 Uhr morgens erlaubt.[63] Im Vertrag wird auch die Absicht Franz Josef Gloßners erwähnt, die Wirtschaft samt allem Zubehör an seine beiden ältesten Söhne aus erster Ehe zu übergeben. Und da das eigene Brauhaus noch nicht zur Verfügung stand, wurde den beiden Söhnen das Brauen im Kapuzinerbrauhaus für einen weiteren Winter gestattet, wobei sie sich jedoch gegenüber „dem Besitzer ordentlich benehmen und das Brauen in regelmäßiger Weise besorgen sollten", im Übrigen aber von jedem Sud ein Gulden Sudgeld zu zahlen hatten.[64]

Markttag in Neumarkt 1850.

Festlegung der Bierpreise und der auf das Bier erhobenen Steuer durch das Königliche Landgericht. Damit waren die Bierpreise für Wirte und Kunden verbindlich.

Es dauerte aber noch ein ganzes Jahr, bis der Gasthof „Zum Stern" in die Hände Anton Gloßners überging (von Josef war nun nicht mehr die Rede), da der junge Gloßner zuerst eine passende Ehefrau finden musste. Als ihm dann sein Vater das Gasthaus am Oberen Markt im April 1832 übergab, war Anton Gloßner damit auch die Neugründung eines Hausstandes ermöglicht. Denn während in diesen Zeiten die Eltern ihr Anwesen nur dem Erben übergaben, falls dieser eine Frau gefunden hatte, die sich auch dazu eignete, eine Wirtschaft zu führen, genehmigte der Magistrat die Gründung eines neuen Hausstandes und damit die Eheschließung nur, falls das junge Paar auf einer soliden finanziellen Grundlage aufbauen konnte und damit die Gefahr gebannt war, dass Eheleute samt Kindern in Zukunft von der Gemeinde ernährt werden mussten. Zusammen mit dem Übergabeprotokoll wurde deshalb im April 1832 Anton Gloßner das Recht auf Ansässigmachung ohne Einschränkungen erteilt.

Das Anwesen, das dem jungen Gloßner und seiner Frau Therese übergeben wurde, war wie damals üblich auch mit einem kleinen landwirtschaftlichen Betrieb verbunden, bestehend aus einem Siebenachtel

Alte Bierflaschen der Brauerei Glossner und ein Bierschlitten mit Fässern aus dem Brauereimuseum bzw. dem benachbarten Getränkestadel.

Tagwerk Feld und Wiese auf der „Huth", Waldstücken in der „Miß" von etwas über drei Tagwerk sowie einem Waldstück in der „Ant" (heute „Ahnt") im Bezirk Tyrolsberg. Auch ein kleiner Viehbestand und landwirtschaftliches Gerät wird im Übergabeprotokoll aufgezählt: ein Pferd samt Geschirrzeug, eine Kuh samt Kette und zwei Ochsenketten, ein Schwein mit zwei Ferkeln. Weiter ein „zugerichteter" und ein unbeschlagener Wagen, ein Pflug, eine Egge, 24 Säcke, eine Sense, eine Holzhacke, zwei Eisenkeile, eine Spannsäge, eine eiserne Schaufel, Krauthauen, zwei Seile, eine Windmühl, Drischel, Sicheln, weitere Schaufeln, darunter eine Malzschaufel, zwei Heugabeln und zwei Dunggabeln samt Dungkarren. Enthalten waren auch Stroh und Heu, alle Erdäpfel, Getreide und, nicht zu vergessen, ein Strohband. Da der Vater, der nach der Hofübergabe wieder nach Velburg in die Wirtschaft zur Traube zog, alle im Protokoll nicht aufgeführten Gegenstände mitnahm, dürfte sich das junge Paar diese lange Liste ganz genau durchgelesen haben, denn jedes neu zu kaufende Gerät riss ein großes Loch in die finanziellen Rücklagen.

Von der Einrichtung des Gasthauses gibt dieses Protokoll ebenfalls ein gutes Bild, denn auch die wichtigsten Möbel und Küchengerätschaften wie Wannen, Schaffel, Fleischhacke und Wiegemesser blieben im Haus, nicht zu vergessen drei Fass Sommerbier, ein Fass Schankbier, ein Treberfass und Essig- und Branntweinfässer sowie 36 Weinflaschen,

allerdings nur 18 von ihnen mit Wein gefüllt. Für die Gäste standen zwei Zimmer zur Verfügung, einmal das untere Zechzimmer, für das wahrscheinlich die Zechtafeln, der Tisch mit Steinplatte, die langen Bänke und die gestrichenen Stühle gedacht waren. Dann gab es noch das obere vordere Zimmer, wohl für die besseren Herrschaften, die auf Ledersesseln oder dem mit Leder bezogenen Kanapee sitzen durften und für die auch die Tische aus Eiche oder Ahorn gedacht waren. Vorhanden war auch ein Saal für Tanzveranstaltungen und Feste, versehen mit zwei Spiegeln und geschmückt mit Spiegelleuchtern.

Getrunken wurde aus steinernen Maßkrügen und gläsernen Halbliterkrügen. Wein war anscheinend nicht sehr gefragt, denn es gab nur zwölf Weingläser im Haus (im Gegensatz zu 50 Maßkrügen). Erwähnt werden im Protokoll sogar noch die Vorhänge an den Fenstern, und daraus ist ersichtlich, dass an 14 Fenstern weiße Vorhänge hingen, an dreien dagegen rote! [65] Damit dürfte wohl das Zimmer für die besseren Herrschaften gemeint sein. Das Vergnügen im Wirtshaus zu sitzen, war für die Neumarkter dieser Tage allerdings wesentlich kürzer bemessen als heute. Im Sommer (April bis Oktober) war die Sperrstunde auf 11 Uhr abends festgelegt, im Winter auf 10 Uhr. Traf der kontrollierende Gendarm danach noch Gäste im Wirtshaus an, konnten sie mit einer Geldstrafe oder sogar einem Aufenthalt in der Arrestzelle rechnen. An den Sonn- und Feiertagen musste während des Gottesdienstes auf den Frühschoppen verzichtet werden. Die Bierpreise, in ganz Bayern häufig ein Anlass zur Unruhe, waren von der Regierung in München festgelegt. Im Mai 1837 betrug der Ganterpreis für das Sommerbier vier Kreuzer die Maß, für den Gast aber zwei Pfennige mehr – auch die Gewinnspanne der Wirte und Bierbrauer war damit bereits unverrückbar bestimmt. [66]

Mit großem Elan ging Anton Gloßner daran, die Bauvorhaben fortzuführen, die er bereits mit seinem Vater besprochen hatte, und nahm als erstes ein Malzhaus in Angriff. Wo nun gebraut wurde, lässt sich nicht mehr feststellen; vielleicht hatte sich Anton Gloßner ja noch einmal mit seinem Onkel geeinigt und konnte weiterhin in der ehemaligen

Ein alter Fassboden aus der Brauerei Glossner. Wie man an den Zahlen erkennen kann, wurde das Fass mit einem Inhalt von 24 Litern und mit der Nummer 2241 zuletzt im Jahr 1980 geeicht. Fässer wurden im zweijährigen Turnus geeicht, um Verbrauchern das „volle Maß" zu garantieren.

Grabplatten für die früh
verstorbenen Theresia und
Anton Gloßner auf dem
Friedhof Neumarkt.

Klosterbrauerei brauen. Weitere Bauvorhaben blieben dem jungen
Brauer verwehrt, denn trotz guter Ausstattung und bester Lage brachte
das Gasthaus den jungen Wirtsleuten kein Glück. Gloßners junge Ehefrau starb bereits nach zwölf Jahren im Juni 1844, und als Anton Gloßner
nach nur eineinhalb Jahren seiner Frau folgte, hinterließ er fünf unmün-
dige Kinder.

Wie schon unter Franz Josef Gloßners Vorgänger im Gasthaus „Zum
Stern" musste die Gastwirtschaft samt Stall, Brunnen und Malzhaus im
März 1846 verkauft werden. Das Kapital wurde angelegt und die Zinsen
für den Lebensunterhalt der Erben verwendet. Diese „teilte" nun die
Verwandtschaft untereinander „auf": Zwei der Kinder, Theres und Anton,
blieben auf dem Wirtsanwesen zum Stern, sollten dort ihre Ausbil-
dung erhalten und mussten laut Vertrag vom Käufer Josef Reiser, wohl

auch ein Verwandter, verpflegt werden. Zwei weitere Kinder wurden der Gloßnerschen Verwandtschaft in Neumarkt zugeteilt, nämlich Katharina dem Michael Reiser, einem Onkel der Kinder, sowie Johann dem Brauer zum Lammsfriedl, Johann Gloßner, einem Bruder des verstorbenen Vaters. Das fünfte Kind, Josef, zog nach Velburg zu seinem Großvater Franz Josef Gloßner. Um Gotteslohn hatten die Pflegeeltern ihre Schützlinge nicht aufzuziehen, denn sie erhielten dafür den Zinsertrag aus dem Erbe der Kinder.

Allein schon der rasche Tod der Eltern und die Trennung der Geschwister dürfte für die unmündigen Kinder einen harten Einschnitt in ihr Leben bedeutet haben. Jedoch auch in der Zukunft hatten sie keine allzu rosigen Zeiten zu erwarten. Für ihren nächsten Lebensabschnitt blieben den fünf Kindern ihr Bett, ihr Bettzeug, ihre Kleider und ihre Wäsche sowie einige „Pretiosen". Ihre Vormünder waren verpflichtet, bis zu ihrem 18. Lebensjahr für anständige Kost zu sorgen, für weitere Kleidung, für Krankenpflege und das Schulgeld. Selbstverständlich mussten sie nach der Schule in Dienst gehen, und nur für den Fall ihrer Krankheit oder Dienstlosigkeit stand ihnen bis zum 25. Lebensjahr ein einfaches Zimmer mit einem Bett zur Verfügung. Bei Arbeitslosigkeit konnten sie auf diese Unterkunft für gerade vier Wochen bauen; sollte sich aber eines der Mädchen „unsittlich aufführen" oder gar das Unglück haben, ein uneheliches Kind zur Welt zu bringen, war sie von dieser Unterkunft für immer ausgeschlossen.[67]

Todesanzeige für Theresia Gloßner.

Historisches Sudwerk aus dem Jahre 1870

Überreicht durch WACHSMANN BRAUTECHNIK D-7910 Neu-Ulm

Ansicht auf die Antriebsachse.

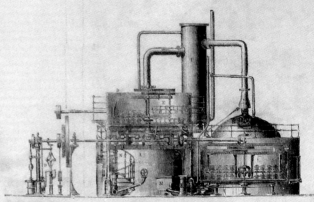

Ansicht im Schnitt nach der Transmissionsachse.

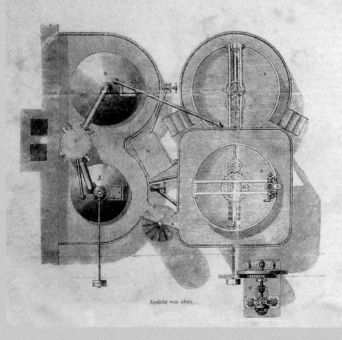

Ansicht von oben.

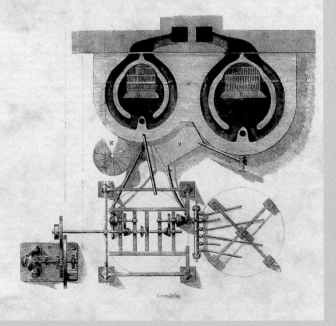

Grundriss.

Wirt und Kommunbrauer im „Roten Rössl"

Im Kaufvertrag, der zwischen den Verwaltern des Gloßnerschen Vermögens und dem Käufer des Gasthauses „Zum Stern" geschlossen wurde, war ein Vorkaufsrecht der Erben enthalten, sollte das Gasthaus wieder verkauft werden. Dazu kam es jedoch nie. Für Anton Gloßner aber, der beim Tod seines Vaters gerade acht Jahre alt war und im Gasthof bei seinem neuen Besitzer geblieben war, ergab sich im Jahr 1863 eine neue Gelegenheit, den Beruf des Wirts und Bierbrauers zu ergreifen, den er wohl im Gasthof „Zum Stern" erlernt hatte. Sein Onkel Michael Reiser (er nahm die kleine Katharina Gloßner auf) hatte im November 1855 eine Wirtschaft in der Kastengasse mit Malzhaus, Gebäuden, zwei Hofräumen, Stallungen und Brunnenanteil erworben, das „Rote Rössl" (Haus Nr. 127, später Kastengasse 14). Dazu hatte er auch noch einen Stadel im Stadtzwinger samt Baum- und Pflanzgarten erstanden (Haus Nr. 117 ½, später Schwesterhausgasse 15).[68]

Als sich nun für seinen Neffen Anton Gloßner die Gelegenheit einer günstigen Heirat ergab – die verwitwete Elisabeth brachte weiteren Grundbesitz mit in die Ehe – ergriff Anton Gloßner die Gelegenheit und kaufte im Jahr 1868 von seinem Onkel Michael Reiser das „Rote Rössl" in der Kastengasse samt den Besitzungen im Stadtgraben.[69] Von seinem Vater besaß er offensichtlich noch den Kapuzinerkeller hinter dem Wildbad, sodass ihm auch gute Lagermöglichkeiten für sein Bier zur Verfügung standen. Da aber das Gasthaus nur über ein eigenes Malzhaus verfügte, nicht aber über ein Brauhaus, musste Anton Gloßner wie der Großteil der Neumarkter Bürger in einem der beiden Kommunbrauhäuser brauen.

linke Seite
Historisches Sudwerk aus dem Jahr 1870.
Druck aus dem Brauereimuseum.

Ursprünglich hatte die Stadt Neumarkt drei Kommunbrauhäuser für Braunbier besessen und alle drei scheinen sie angesichts der bereits beschriebenen Braufreudigkeit der Neumarkter Bürger vollständig ausgelastet gewesen zu sein. Als erstes städtisches Brauhaus war 1487 das Haus in der Badgasse (jetzt Hallertorstraße) errichtet worden, 1527 dann das obere Brauhaus Ecke Bockwirts- bzw. Kastengasse und 1537 schließlich das Brauhaus in der Fischergasse. Jeder Bürger der Stadt konnte in den Brauhäusern gegen Einlage des Kesselgeldes brauen,

Das „Gasthaus „Zum roten Rössl" in der Kastengasse 14, das Anton Gloßner 1868 erwarb. Das Gasthaus fiel 1945 den Luftangriffen zum Opfer.

von dem die Reinigungsarbeiten und das Personal bezahlt wurden. Daneben hatte noch ein Weißbierbrauhaus bestanden, 1658 im Auftrag der Stadt erbaut und als eine Art Aktienbrauerei mit Einlagen städtischer Bürger geführt. Auch der Gasthof „Zum Stern" besaß einen Anteil an der Weißbierbrauerei.[70]

Seit dem Beginn des 19. Jahrhunderts verloren die Kommunbrauhäuser an Attraktivität, da die Ausstattung veraltet und unzureichend war. Die Neumarkter Brauer wollten lieber in einer eigenen Brauerei mit neuen Sudpfannen brauen und sich vor allem nicht nach der durch das Los bestimmten Reihenfolge des Brauens richten müssen oder sich von einem städtischen Braumeister, der die Aufsicht hatte, „dreinreden" lassen.[71] Immer mehr Neumarkter bauten sich daher ihr eigenes Brauhaus, und das Kommunbrauhaus in der Fischergasse wurde schließlich im Jahr 1855 verkauft. Im Jahr 1857 gab es dann bereits acht Privatbrauereien und nur mehr 27 Bürger, die ihr Braurecht in einem der beiden Kommunbrauhäuser ausübten.[72] Anton Gloßner besaß Anrechte an beiden Kommunbrauhäusern[73], in welchem er braute, ist nicht mehr festzustellen. Da sich immer mehr Bürger von dem früher so ertragreichen Bierbrauen abwandten, erfüllten die Kommunbrauhäuser für die Stadt nicht mehr ihren Zweck. Im März 1874 verkaufte die Stadt daher beide Brauhäuser an die in diesen Häusern Brauberechtigten, darunter auch Anton Gloßner.[74]

Getreidesack der Brauerei Glossner aus dem Brauereimuseum.

Der für Neumarkter Verhältnisse ungewöhnlich niedrige Anteil an Kommunbrauern war wohl eine Folge veränderter Wirtschaftsstrukturen, die sich ab der zweiten Hälfte des 19. Jahrhunderts in Neumarkt bemerkbar machten: Auch hier schuf der Bau von Eisenbahnlinien neue Verkehrswege, und auch in Neumarkt zeigten sich nun die Auswirkungen der Industriellen Revolution, die die Stadt schließlich zu einem Industriezentrum der Oberpfalz werden ließ. Ein erstes Zeichen der neuen Zeit setzte der Bau des Ludwig-Donau-Main Kanals in den 30er und 40er Jahren des 19. Jahrhunderts. Angelockt durch die Verdienstmöglichkeiten kamen in die Stadt Neumarkt tausende von Arbeitern, die natürlich mit Lebensmitteln und nicht zuletzt mit Bier versorgt werden mussten.

Profitiert von diesen guten Absatzmöglichkeiten hatte wohl auch der Wirt des Gasthofs „Zum Stern", Franz Anton Gloßner. Nachdem die Baumaßnahmen aber 1846 beendet waren und die Arbeiter, die der Stadt für kurze Zeit das Aussehen einer „Boomtown" gegeben haben dürften, abgezogen waren, kam für die Neumarkter das böse Erwachen. Denn als Folge des Kanalbaus wurde ein Großteil der Frachten auf dem Kanal an der Stadt vorbeigeleitet und die Fuhrleute und damit ein Teil der Kundschaft der Wirte blieben aus.

Der Bau der Eisenbahnlinie von Nürnberg über Amberg nach Regensburg brachte für die Wirte und Brauer weitere Einbrüche, da nun auch die Reisenden nicht mehr in Neumarkt Station machten. Gut besucht blieben nur die verschiedenen Märkte, der Pferde-, Vieh-, Schweine- und der

Der Hafen des Ludwig-Donau-Main Kanals in Neumarkt kurz nach seiner Fertigstellung.

Der Grabenbacher = Damm
bei Neumarkt.

Damm des neuen Ludwig-Donau-
Main Kanals; Lithografie aus dem
Brauereimuseum.

Taubenmarkt, die die Bauern der nahen und weiteren Umgebung an den Markttagen in die Stadt lockten.[75] Ein Zeitgenosse sieht daher die Stadt um die Mitte des 19. Jahrhunderts verödet, da die Reisenden nun Neumarkt umfuhren. Die Gaststätten waren leer, viele der einfachen Schänken mussten schließen. Daran nicht ganz unbeteiligt war ein zögernder Stadtmagistrat, der technischen Neuerungen ablehnend gegenüberstand und daher den Bau der Eisenbahnstrecke über Neumarkt verhindert hatte.[76]

Zeitungsanzeige von 1870.

unten
Die Fabrik Zinn, eine der frühen Neumarkter
Industrienlagen.

Die Übernahme des „Roten Rössls" durch Anton Gloßner fiel also in eine Zeit wirtschaftlicher Stagnation in Neumarkt. Schon bald sollte jedoch ein neuer Aufschwung einsetzen, der den Wirten und Brauern der Stadt wieder Kundschaft und weitere Abnehmer brachte. So ging zwar mit der Errichtung neuer Schrannen in Beilngries, Berching und Parsberg der Umsatz auch noch der Neumarkter Schranne zurück; als sich aber endlich 1868 der Magistrat für den Bau von Eisenbahnlinien aussprach und diese Absicht 1871 auch in die Tat umsetzte, wurde die Stadt Neumarkt erneut zum größten Umschlagplatz der gesamten Region und Reisende machten hier wieder Station.[77]

Die gute Verkehrsanbindung dürfte einer der Gründe dafür gewesen sein, dass sich ab den 70er Jahren des 19. Jahrhunderts in Neumarkt nun vermehrt Fabrikbetriebe ansiedelten. Neumarkt wurde im ansonsten agrarisch strukturierten Bayern zu einem Zentrum der Industrie, während die kleinen Gewerbebetriebe deutlich zurückgingen und einige Gewerbe wie z.B. die Branntweinbrennereien sogar eingingen. Die Einwohnerzahlen stiegen dabei um mehr als ein Drittel (von 3810 im Jahr 1855 auf 5451 im Jahr 1885)[78], die Stadt veränderte also deutlich ihr Gesicht.

Die wirtschaftliche Neuorientierung und Umstrukturierung hatte auch die Kommunbrauer erreicht. War ihnen durch die Verlegung bedeutender Verkehrswege zuerst die Kundschaft abgewandert, führten technische Neuerungen, die an anderen Orten eingeführt worden waren, zu einer zunehmenden Spezialisierung im Brauwesen. Von vorrangiger Bedeutung war hier die unbedingt notwendige kühle Lagerung des Bieres, wollte man sichergehen, den Gästen nicht verdorbenes Bier vorzusetzen. Aus Sorge um die Gesundheit der Verbraucher hatten daher landesherrliche und städtische Bestimmungen seit dem Mittelalter Brauzeit und Ausschankzeit der beiden Biersorten Sommerbier und Winterbier gesetzlich festgelegt. Mit der Einführung neuer Kühltechniken und schließlich sogar von Eismaschinen seit Mitte des 19. Jahrhunderts wurde damit die strenge Unterscheidung von Sommer- und Winterbier unnötig und deshalb aufgehoben.[79]

Für die Besitzer von Felsenkellern wie Anton Gloßner, die in ihren Kellern über ideale Lagermöglichkeiten für ihr Bier verfügten, stellte sich dieses Problem natürlich nicht. Vorausschauend hatte sich Anton Gloßner zudem im April 1886 die Erlaubnis gesichert, auf einem Grundstück in Höhenberg im Tal einen Felsenkeller anzulegen, eine Absicht, die er dann auch in die Tat umsetzte.[80] Kommunbrauer dagegen, die einer Brautätigkeit nur im Nebenerwerb nachgingen, hatten diese Lagermöglichkeit meistens nicht zur Verfügung und schenkten daher das von ihnen gebraute Bier nur für kurze Zeit aus. In der Öffentlichkeit aber forderte

Vor der Entwicklung von Kältemaschinen musste für die Kühlung des Bieres Natureis verwendet werden. Zu diesem Zweck wurde Eis in Blöcken aus Teichen und Flüssen geschlagen oder aber in kalten Nächten durch das Übergießen von Eisgerüsten mit Wasser gewonnen. Anschließend wurde das Eis abgeschlagen und in den Keller transportiert.
Hier der alte Eiskeller und ein Eisgerüst der Brauerei im teilweise aufgefüllten Stadtgraben an der Schwesterhausgasse. Das Eisgerüst brannte während des Luftangriffs der Alliierten auf Neumarkt ab, der Eiskeller blieb als einziges Brauereigebäude verschont.

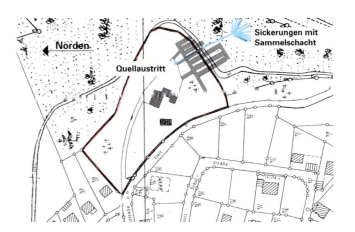

Auf diesem aktuellen Plan ist die Lage des Felsenkellers in Höhenberg gut zu erkennen.

unten
Der Eingang zum Felsenkeller. Der Felsenkeller in Höhenberg im Tal wurde bis zur Einführung der Kühltechnik als Lagerkeller der Brauerei verwendet. Nach dem Brauereinamen „Zum Roten Rössl" hieß er im Volksmund zuerst Rösswirt-Keller, später dann Glossner-Keller.

man immer häufiger das von hauptberuflichen Brauern gebraute und daher „nicht gesundheitsschädliche" Bier. Bier, gebraut von braven Bürgern in den städtischen Kommunbrauhäusern und ausgeschenkt in ihren Privaträumen – dies war ja der Grundgedanke des Kommunbrauwesens –, geriet in Verruf. [81]

Anzeige von 1893.

Auch die Bestimmungen der Oberpfälzer Behörden waren einer Förderung des alten Kommunbrauwesens nicht gerade zuträglich. Das alte Braurecht wurde nur noch anerkannt, falls es ein „althergebrachtes" Recht war, und Bierverkauf war ausschließlich für dieses eigene, selbst gebraute Bier, das Braunbier, erlaubt, nicht mehr jedoch für andere Getränke wie z.B. Branntwein. Für den Brauvorgang selbst und die in den Brauhäusern beschäftigten Braumeister herrschten strenge polizeiliche Bestimmungen, ebenso für den Ausschankort. So durfte das von den Bürgern gebraute Bier nicht mehr im Wohnzimmer der Familie verkauft werden, sondern musste in einem eigens eingerichteten Schank-

Innenansicht eines der Abteile im Felsenkeller.

Neben dem Neumarkter Zweig der Familie Gloßner übten noch weitere Familienzweige den Beruf des Brauers aus. Hier das Emailschild einer Brauerei Gloßner in Alfershausen.

unten
Aus dem Neumarkter Adressbuch von 1893.

oder Gastzimmer getrunken werden – für viele der bürgerlichen Brauer ein nicht mehr finanzierbarer Aufwand. Und schließlich folgte noch eine Reihe finanzieller Beschränkungen bzw. sogar eine zeitweise Besteuerung des Bieres, auch dies bis dahin nicht üblich, sodass das private Brauen auch aus diesem Grund unrentabel werden musste.[82]

Sinkende Absatzmöglichkeiten und härtere gesetzliche Bestimmungen waren daher der Grund für die sinkende Zahl jener Neumarkter Bürger, die noch ihr Braurecht in einem der beiden Kommunbrauhäuser ausübten, zumal die Industrialisierung nun auch in Neumarkt neue Verdienstmöglichkeiten erschloss. Das Bierbrauen aber wurde immer mehr zu einer Aufgabe für Spezialisten, zu einem Gewerbe. Der Ausschank des Bieres fand dabei nur noch in Gastwirtschaften statt, nicht jedoch in den Privaträumen bürgerlicher „Gelegenheitsbrauer".

Gaftwirtfchaften.

Diet, Kaspar, (Gastwirtschaft zum Franken), unt. Markt 20.
Ehrnsberger, Martin, (Gastwirtschaft zur goldnen Rose), unt. Marktstraße 22.
Gebhardt, Michael, (Gasthaus zur blauen Traube), Rosengasse 13.
Gloßner, Anton, (Gastwirtschaft z. Rößl) Kastengasse 14.
– Josef, (Gasthaus zum Ludwigskanal), Mühlstraße 1.
Grasi, Anton, Hallerthorstraße 18.
Gruber, Gregor, (Gastwirtsch. z. Ostbahn), Bahnhofstraße 10.
Grunner, Josef, (Gastwirtsch. z. Hirschen).
Haunschild, Johann, (Gastwirtschaft z. gold. Brunnen), unt. Markt 11.
Herrmann, Joh., (Gastwirtschaft z. Ente), ob. Marktstraße 15.
Hering, Johann, (Gastwirtschaft z. Sterngarten), Klostergasse 16.
Kölbl, Jakob, (Gastwirtsch. z. d. 3 Mohren), ob. Marktstraße 8.
König, Peter, (vormals Holzfurtner), Klostergasse 27.
Krauß, L., (Gastwirtsch. z. gold. Ochsen), Viehmarkt 5.
Mayrhofer, Josef, (Gastwirtschaft z. gold. Anker), ob. Marktstraße 27.
Moser, Karl, (Gastwirtschaft zur Schwane), unt. Markt 21.
Ochsenkühn, A., (Gastwirtschaft z. deutschen Kaiser), Ingolstädterstraße 7.
Prechtl, Sebastian, (Gastwirtsch. z. Türken), unt. Marktstraße 19.
Riedl, Daniel, Hallerthorstraße 20.
Schneider, Johann, Grünbaumwirtsgasse 21.
Utz, Ludwig, (Gastwirtschaft z. Elefanten), unt. Marktstraße 18.
Voreck, Thomas, Hallerthorstraße 19.
Wunder, Fidel, Mühlstraße 13.
Zeller, Franz, (Gastwirtschaft zum goldenen Hirschen), ob. Markt 7.

Bierbrauereien.

Diet, Caspar, unt. Marktstraße 20.
Ehrnperger, Leonhard, ob. Marktstr. 9.
– Anna, unt. Marktstraße 12.
Ehrensberger, Mart., (Brauerei z. Rose), unt. Marktstraße 22.
Engelhardt, Seb., Kastengasse 8.
Geißler, J. B., Grünbaumwirtsgasse 20.
Gloßner, Ant., (Brauerei z. roten Rößl), Kastengasse 14.
Gößwein, Fr., (Brauerei z. schw. Bärn), ob. Marktstraße 26.
– Fanny, (Brauerei z. Löwen), ob. Marktstraße 51.
Haunschild, Joh., (Brauerei z. gold. Brunnen), unt. Markt 11.
Herrmann, Mart., (Gastwirtschaft z. Wolfsschlucht), Hallerthorstraße 23.
Kölbl, Jakob, (Gastwirtschaft zu den drei Mohren), ob. Marktstraße 8.
Lang, Mich., (Gastwirtschaft z. gold. Engel), ob. Marktstraße 29.
Mehl, Bened., (Brauerei u. Gastwirtschaft), Kirchengasse 3.
Moser, Karl, (Gastwirtschaft z. Schwan), unt. Marktstraße 21.
Graßler, Jos., (Brauerei z. Stern), obere Marktstraße 32.
Neumüller, Karl, unt. Marktstraße 23.
Seitz, Albrecht, Kapuzinerstraße 4.
Schneeberger, Fr., obere Marktstraße 12.
Oberle, Th., (Brauerei z. grünen Baum), Grünbaumwirtsgasse 12.
– Georg, sen., (Brauerei z. Himmelsleiter), Bräugasse 3.
Zeller, Franz, (Gastwirtschaft z. goldenen Hirschen), ob. Marktstraße 7.

Durchschnitt durch eine Bier-Brauerei-Anlage. Nach einem Aquarell von A. Dressel.

Farben der Rohre: gelb = Bier; rot = Dampf; blau =

1. Aufzug
2. Gerstenböden
3. Gerstenreinigungsmaschine
4. Ventilator 5 Zuführtrichter 6 Sortierzylinder
7. Gereinigte Gerste 8 Halbkörner. Unrautsamen (Futtergerste) 9 Grannen.
10. Elevator [Staub
11. Gerstenschüttrohr
12. Weichbsch 13. Luftröhren
14. Malztenne 15. Rohr für

kühle Luft 16. Grünmalz
17. Dampfheizung
18. Darre 19. Malz
20. Wärmekammer ("Sau")
21. Glattes Dach, wo die v. der Horde durchfallenden Malzkeime abrutschen 22 Luftmischkam. 23. Schieber für die Luftmischkammer
24 Heizgas 25 Feuerungstür 26 Laufsteg
27 Malzentkeimungsmaschine

28. Malzschüttrohr
29. Malzkammer
30. Hopfenzerreißmaschine
31. Elektrischer Antriebmotor
32. Wage
33. Malzputzmasch. 34 Kasten zum Einweigen des Malzes
35. Steuerschloß 36 Magnet, zum Entfernen von Eisenteilen, Nägeln usw
37 Sack z. Transportieren des geputzten Malzes

38. Malzschrotmaschine 39 Antrieb der Walzen 40 Hebel für die Walzen 41 Vorratsmasch
42. Maischbottich
43 Dunsthaube 44 Vorricht z Heben und Senken der Dunsthaube
45. Würzeleitungsrohr nach d Sammelbottich
46. Pumpe
47. Antrieb des Rührwerkes

48. Blick in das Flaschenhaus
49. Maischpfanne 50 Mauer um die Maischpf. 51 Schieberöffnung 53. Steigerohr nach dem Schornstein (abgebrochen)
53. Ventil zum Würzerohr der Würze- und Maischpfanne
54. Dampfeinlaß 55. Dampfauslaß
56. Pfannenfeuerung (vorgesehene)

57. Kondenstopf
58. Läuterbottich
59. Drehbares Rohr
60. Läuterröhren der Läuterbatterie
61 Läuterbatterie mit Hähnen
62. Rohr zur Würzepfanne
63. Würzerohr von der Läuterbatterie nach der Läuterbottich
64. Ausflußrohr für Treber
65. Würzepfanne

66. Sammelbottich
67. Berieselungs-Kühlapparat
68. Würzeleitungsrohr dem Kühler nach dem Gärkeller
69. Hefeneinsatzapparate
70. Bodenraum 71. Gärkeller
72. Gärbottich 73. Würze in Gärung (Die Kräusen) 74. Bottichkühler 75. Auslaßventil
76. Raum unt. d. Gärbottichen

77. Lagerkeller
78. Lagerfässer
79. Riegel 80. Pberle 81. Spundschlauch 82. Spundapparat
83. Kühlröhren mit Salzwasser, an der Decke des Lagerkellers
84. Schlauch dem Lagerfaß zum Filterapparat
85. Filterapparat
86. Laterne

87. Fasernfänger
88. Abfüllbed
89. Füllen und Schl... Fasses
90. Füllen d. Bieres i. ...
91. Füllapparat 92. ...der Flaschen
93. Reinigen und Spi... Fässer 94. Flasch...
95. Flaschenreinigung...
96. Kippwagen zum ... portieren v. Gerste

A. DRESSE

Beilage zu Hans Kraemer „Der Mensch und die Erde"

Deutsches Verlagshaus Bong & Co., B...

68

Durchſchnitt durch die einzelnen Teile der Bier-Brauerei-Anlage. Nach einem Aquarell von A. Dreſſel.

Farben der Rohre: gelb = Bier, rot = Dampf; blau = Waſſer

Neumarkter Wochenblatt.

Amtsblatt

der königl. Bezirksämter Neumarkt und Parsberg

der k. Amtsgerichte Neumarkt, Kastl und Parsberg und des Stadtmagistrats Neumarkt.

Erscheint Dienstag, Donnerstag, Samstag und wird der Samstagnummer das Neumarkter Sonntagsblatt gratis beigelegt. Vierteljährlich 1 Mk. Inserationspreis 10 Pfg. für die 3spaltige Garmondzeile oder deren Raum.

| Nro. 56. | Donnerstag, den 10. Mai 1894. | 59. Jahrg. |

Bekanntmachung.

Errichtung einer Sprengstoff-Fabrik betr.

Der Fabrikant Raymond Cahüc, z. Zt. in Brunn, Post Fischau bei Wiener Neustadt, beabsichtigt auf seinem in der Gemeindeflur Neumarkt gelegenen Grundstück Pl.-Nro. 2852 eine **Fabrik** zur Erzeugung eines von ihm Cahücit (verbessertes Carboazotin) genannten Sprengstoffes sowie ein Magazin zur Lagerung des fertigen Produkts zu errichten.

Die Beschreibungen, Zeichnungen und Pläne für die projektierte Fabrik liegen bei unterfertigtem Amte während **14 Tagen** vom Erscheinen dieser Bekanntmachung an zur allgemeinen Einsicht auf.

Hievon wird mit dem Bemerken Kenntniß gegeben, daß etwaige Einwendungen gegen das vorbezeichnete Unternehmen während dieser Zeit bei Meidung des Ausschlusses schriftlich oder mündlich anzubringen sind.

Neumarkt, den 7. Mai 1894.

Königl. Bezirksamt Neumarkt.

Roder.

Præs. 8./5.

Bekanntmachung.

Vollzug der Bestimmungen über Schulversäumnisse betr.

Diejenigen Lokalschulinspektionen, welche mit der Vorlage der Schulversäumnißlisten für das I. Quartal 1894 noch im Rückstande sind, werden wiederholt ersucht, dieselben **alsbald** hieher vorzulegen.

Neumarkt, den 9. Mai 1894.

Königl. Bezirksamt Neumarkt.

Roder.

Præs. 9./5.

Die K. Garnisonsverwaltung

Nürnberg vergibt — am **Samstag, 12. Mai 1894 vormittags 9 Uhr** — im Wege der öffentlichen Absteigerung die **Reinigung der Aschen-, Kehricht- und Abortgruben** im Kasernement der Eskadron zu Neumarkt, sowie die Abnahme des **ausgeleerten Lagerstrohs** dortselbst auf unbestimmte Zeit gegen ¼ jährliche Kündigung, wozu Lusttragende hiemit eingeladen werden.

Zusammenkunft im Hofe der Reiter-Kaserne.

Bekanntmachung.

Nach Mittheilung des k. Rentamts dahier ist zur Einbezahlung der pro I. Semester lfd. Js. verfallenen **Grund- und Haussteuern** für die Pflichtigen der Stadtgemeinde Neumarkt i. O. und zwar für das

Schloß-, Kasten- und Kreuzviertel

Termin auf Donnerstag den 10. Mai l. Js.

Johannisviertel und Vorstadt

Termin auf Freitag den 11. Mai l. Js.

je von Vorm. 8—12 Uhr und Nachm. von 2—5 Uhr mit dem Bemerken anberaumt, daß gegen Säumige nach Umfluß dieser Termine sofort mit Zwangsbeitreibung vorgegangen und **nach 5 Uhr Abends keine Zahlung** mehr angenommen wird.

Neumarkt, den 5. Mai 1894.

Stadtmagistrat Neumarkt.

Weißenfeld.

Die Privatbrauerei „Zum Lammsfriedl"

Am 21. März 1894 übergab Anton Gloßner seinem Sohn Franz Xaver und dessen Frau Maria die Gastwirtschaft „Zum Roten Rössl" in der Kastengasse Nr. 14 zusammen mit seinen Anteilen an den beiden Kommunbrauhäusern, dem Stadl und Garten im Stadtzwinger, den beiden Felsenkellern sowie einigen Wiesen und Äckern – wie so viele Neumarkter betrieb auch der Rösslwirt eine kleine Landwirtschaft. [83] Franz Xaver Gloßner hatte jedoch noch einen anderen Beruf: Er war Metzger wie schon der Urahn Gregor Gloßner in Velburg. Eröffnet wurde daher am Pfingstsonntag im Mai 1894 die traditionelle Gastwirtschaft mit Metzgerei. [84]

Schon bald nach der Übernahme trug sich Franz Xaver Gloßner mit Erweiterungsplänen, um seiner Gastwirtschaft neuen Schwung zu verleihen. In dem im Jahr 1900 fertig gestellten Ausbau war vor allem ein Verkaufsladen eingerichtet, in dem Fleisch und Wurstwaren verkauft wurden – Franz Xaver Gloßner, Metzger und Charcutier, lautete daher seine zweite Berufsbezeichnung. Daneben hatte der Wirt aber auch dafür gesorgt, dass das im Kommunbrauhaus gebraute Bier von guter Qualität war und dafür im Rückgebäude ein Malzhaus mit Malzdörre und Schweller eingebaut. Nicht zuletzt dachte er auch an das Freizeitvergnügen seiner Gäste und richtete eine überdachte Kegelbahn ein. [85] Das gemeinsame Kegeln war ein Vergnügen, das bereits um die Mitte des 19. Jahrhunderts aufgekommen war. Hier traf man sich zu privaten Gruppen, aber auch zu öffentlich in den Zeitungen ausgeschriebenen Wettkämpfen, deren Preise die Wirte gestiftet hatten.

Hochzeitsfoto von Maria und Xaver Gloßner.

linke Seite
Zeitungsanzeige von 1873: Anton Gloßner und sein Sohn Xaver kündigen Geschäftsübergabe und Neueröffnung an. Aus der Anzeige geht hervor, dass der Sohn bereits länger mit dem Vater zusammengearbeitet hatte.

Die Brauerfamilie Gloßner um 1914.
In der Mitte zwischen den Eltern
Maria und Franz Xaver der spätere
Erbe Josef Gloßner. In Uniform Georg
Gloßner, der 1916 in Frankreich starb.

Mit der Einrichtung eines Biergartens in Höhenberg im Tal folgte die Brauerei Glossner einer alten Neumarkter Tradition. Im 19. Jahrhundert waren im Sommer vor allem die Gärten innerhalb der Stadt beliebt, während die Biergärten und Felsenkeller am Weinberg und den benachbarten Berghängen nur an wenigen Tagen für besondere Anlässe geöffnet wurden. Diese Art der Bewirtung fand jedoch regen Zuspruch, und so hatten auch außerhalb der Stadt immer mehr Felsenkeller regelmäßig für ihre Gäste geöffnet.[86] Franz Xaver Gloßner kaufte deshalb im Jahr 1905 in Höhenberg im Tal die an den Felsenkeller angrenzenden Grundstücke, baute dort eine Fasshalle und ließ im lichten Buchenwald Bänke und Tische aufstellen. Der so entstandene Biergarten war offensichtlich bald gut besucht, wie eine zeitgenössische Fotografie zeigt.

Da nun bereits an zwei Stellen, im „Roten Rössl" und im Biergarten, das Glossner-Bier ausgeschenkt wurde, war eine Betriebserweiterung dringend nötig. Franz Xaver Gloßner ersteigerte daher 1908 das Kommunbrauhaus in der Hallertorstraße Nr. 7 und wenig später auch noch das Kommunbrauhaus in der Bockwirtsgasse Nr. 2.[87] Der Brauerei Glossner standen damit also sogar zwei eigene Brauhäuser zur Verfügung. Ein Jahr später, 1909, ließ Gloßner in seinem Stadel im Stadtzwinger einen neuen Gär- und Eiskeller errichten; im Jahr 1912 wurde der Lagerkeller umgebaut.[88] Bevor aber die dringend nötigen Modernisierungsarbeiten fortgeführt werden konnten, die eines der beiden Brauhäuser auf den neuesten Stand der Technik brachten, ergab sich für Franz Xaver Gloßner die günstige Gelegenheit, eine Brauerei mit Gastwirtschaft in der Kastengasse Nr. 8 zu erwerben.

Der Sommerkeller der Brauerei Glossner in Höhenberg, nach dem 2. Weltkrieg eine der letzten Kellerwirtschaften in Neumarkt, auf einem Foto aus den 20er Jahren. Im Hintergrund stehend und erkennbar an den weißen Schürzen: Maria und Xaver Gloßner mit ihrem Sohn Josef, dem Vater von Franz Xaver Gloßner sen. Das Gaststättengebäude entstand aus einer Fasshalle zum Trocknen der Bierfässer. Nach dem 2. Weltkrieg wurde das Gebäude aufgestockt und modernisiert und erst für den Neubau des Wohnhauses 1982 abgerissen.

Langjährige Abnehmer des Glossner-Bieres: das Gasthaus Schrödl in Pavelsbach (heute Familie Schmid-Fink) im Jahr 1910. In dem Gasthaus wird auch heute noch Glossner-Bier ausgeschenkt.

Das Haus in der Kastengasse Nr. 8 war schon einmal im Besitz eines Mitglieds der Familie Gloßner gewesen: Johann Gloßners, ein Onkel des ersten Rösslwirts' Anton Gloßner. Auf dem Weg der Heirat hatte Sebastian Engelhard im Jahr 1878 das Anwesen erworben und es 1893 Johann Engelhard vererbt, der schließlich die Brauerei an die Familie von Heckel verkaufte. Am 20. Dezember 1913 schließlich konnten Franz Xaver Gloßner und seine Frau Maria die Gastwirtschaft „Zum Lammsfriedl" zusammen mit der Brauerei in der angrenzenden Herzwirtsgasse Nr. 18 um die stolze Summe von 27.000 Mark kaufen; 2.500 Mark kostete allein das im Haus verbliebene Inventar.[89]

Die Brauerei mit der Gastwirtschaft war ein umfangreicher Besitz. Enthalten waren das Wohnhaus mit Veranda und ausgedehnte Stallungen für die Pferde der Gäste (auch die Toiletten befanden sich in den Stallungen) und für das eigene Vieh, denn auch die Landwirtschaft wurde weiter betrieben. Dazu kamen noch Schweineställe und ein Schuppen, die „Schupfe mit Schutzdach". Im Hofraum befanden sich ein eigenes

Brauerei und Gasthaus „Lammsfriedl"
in der Kastengasse 8 auf einer Aufnahme
aus den 30er Jahren.

Die Herzwirtsgasse in Neumarkt i.d.OPf.
vor dem 2. Weltkrieg.

Waschhaus und ein Brunnen, der das Wasser für die Brauerei lieferte. Die Brauerei, gelegen an der Herzwirtsgasse, bestand aus dem eigentlichen Brauhaus, einem Kühlhaus und einem Gärkeller.[90] Auch einen eigenen Braumeister hatte die Brauerei: Josef Hierl, der auch nach dem Verkauf weiter hier tätig war.

Technisch war die Brauerei „Zum Lammsfriedl" nicht mehr auf dem neuesten Stand. Bayerische Großbrauereien hatten auf dem Gebiet des Brauwesens schon vor längerer Zeit mit großem Erfolg neue Wege beschritten und ihr Bier auf diese Weise weit über die Landesgrenzen hinaus berühmt gemacht. Der Bierexport vor allem der Münchner und Nürnberger Brauereien wirkte sich auch in Neumarkt aus, wo nun sogar aufgrund dieses Imports der Absatz des heimischen Bieres zurückging.[91] Um weiter wettbewerbsfähig zu bleiben, musste man also auch in der Brauerei „Zum Lammsfriedl" über neue Brautechniken nachdenken und nur wenige Monate nach dem Kauf wurde mit den Umbauten begonnen.

Für das Brauwesen entscheidend waren vor allem die Erfindungen im Bereich der Kühltechnik und die Nutzung der Dampfkraft. Erstere wurde seit der 2. Hälfte des 19. Jahrhunderts nicht nur für die Lagerung des fertigen Bieres eingesetzt, sondern auch immer häufiger zur Kühlhaltung der Würze im Gärkeller, eine Neuerung, die Franz Xaver Gloßner 1909 bis 1912 bereits in seinem Anwesen im Stadtzwinger eingeführt hatte. Der Dampfbetrieb war seit den 60er Jahren des 19. Jahrhunderts bei großen und mittleren Betrieben die Regel geworden, da mit seiner Hilfe nicht nur wesentlich weniger Heizenergie (Holz und später Kohle) verbraucht wurde, sondern auch noch die Zahl der Sude verdoppelt werden konnte.[92] Auch Franz Xaver Gloßner dürfte eine Erhöhung der Produktion bei deutlich verringerten Produktionskosten angestrebt haben, als er im Sommer 1914, also kurz vor dem Ausbruch des 1. Weltkriegs, in der Brauerei „Zum Lammsfriedl" ein neues Dampfkesselhaus mit Kamin und Kühlhaus sowie einen Gärkeller einbauen ließ.[93] Der Umzug der Brauerei in die neuen Räume in der Herzwirtsgasse fand dann am Tag des Kriegsausbruches statt, also am 1. August 1914.

Während des 1. Weltkriegs herrschten für alle Brauereien schwierige Bedingungen. Da die Brauerei Glossner wie fast alle Brauereien am Ort das von ihr gebraute Bier vor allem in der eigenen Gastwirtschaft oder in die nähere Umgebung verkaufte, waren die Transportprobleme, wie sie die großen Exportbrauereien zu meistern hatten, wohl von geringerer Bedeutung. Die Brauerei Glossner konnte im Notfall auch auf eigene landwirtschaftliche Fuhrwerke zurückgreifen, da nur Lieferungen in die nähere Umgebung anstanden. Wesentlich schwer wiegender dürften sich die Zwangsbewirtschaftung sowie die Rationierung der

Erster Braumeister der Brauerei Glossner und übernommen von der Brauerei Lammsfriedl: Josef Hierl, hier auf einer Aufnahme kurz vor dem 1. Weltkrieg. Hierl ließ sich daher in seiner Kanoniers-Uniform fotografieren und dürfte kurz danach an die Front abkommandiert worden sein.

Braumeister Kleber
(1914–1933)

unten:
Bierkiste aus dem Brauereimuseum.

Lebensmittel ausgewirkt haben, die zu Beginn des Jahres 1915 einsetzte und sogar zu einem vorübergehenden Mälzverbot führte. In den folgenden Jahren beherrschten die Zahlen des zugestandenen Gerste- und Malzkontingents das Brauerleben. Nicht selten wurden dabei Stimmen laut, die gegen die Regierung in Berlin wetterten und deren Neigung, bei den Zuteilungen die Brauereien in Norddeutschland zu bevorzugen. Dabei war es doch eine bekannte Tatsache, dass man in Norddeutschland dem flüssigen Korn zugetan war, während für die Bayern Bier „ein Nahrungsmittel und kein Luxusgetränk sei ". [94]

Mit dem Fortschreiten des Krieges mussten sich die Brauer mit immer niedriger angesetzten Malzkontingenten zufrieden geben und sie senkten deshalb die Stammwürze des Bieres zuerst auf 10,5 %, dann auf 6 % und schließlich auf 3 %. Dabei wurde sogar noch der Ausschank dieses dünnen Bieres auf ein bestimmtes Quantum beschränkt – so durfte mittags einem Gast nur ein halber Liter ausgeschenkt werden! Selbst für dieses dünne Bier stiegen die Preise: Am 21. April 1917 auf 15 Mark der Hektoliter, später auf 17 Mark und im Oktober 1918 schließlich auf 20 Mark. [95]

Für viele kleine Brauer bedeuteten die Malzkontingentierungen und vor allem der Einzug des Brauereileiters an die Front der Ruin, da die Verluste der Kriegsjahre nicht mehr aufgeholt werden konnten und die Kundschaft zu den größeren Brauereien abwanderte. Franz Xaver Gloßner wurde nicht zum Heer eingezogen, da er die Altersgrenze bereits überschritten hatte und er konnte daher seine Brauerei zusammen mit der Landwirtschaft weiterführen. Sein ältester Sohn Georg aber, ein gelernter Brauer und für dessen Zukunft der Vater den Kauf der Brauerei eigentlich in die Wege geleitet hatte, fiel 1916 in Frankreich. [96]

In den unmittelbaren Nachkriegsjahren war die schwierige Zeit für die Neumarkter Brauer noch nicht vorüber, da auch weiterhin der Malzverbrauch kontingentiert war und die Behörden den Stammwürzegehalt niedrig hielten. Im Gegensatz dazu hatten die Brauereien mit hohen Herstellungskosten und gestiegenen Personalkosten zu kämpfen.

Nebenzimmer in der Wirtschaft Kastengasse Nr. 8. In der Mitte Besitzer Xaver Gloßner mit den Töchtern Elisabeth (links) und Marie (rechts).

Und nachdem die Kontingentierung 1922 endlich aufgehoben war, mussten die Verluste der Inflation mit ihrem Höhepunkt 1923 aufgefangen werden. Viele der kleineren Brauereien gaben daher auf.[97] Noch im Jahr 1893 hatten in der Stadt Neumarkt 22 Brauereien Bier gebraut, im Jahr 1917 waren es nur noch vier, eine davon die Brauerei Glossner.[98]

Auch für die Brauerfamilie Gloßner waren die Nachkriegsjahre eine schlimme Zeit. Tief getroffen vom frühen Tod des ältesten Sohnes und Erben scheint Franz Xaver Gloßner eine Reduzierung des Betriebes ins Auge gefasst zu haben, denn im Jahr 1918 erfolgte der Verkauf des Gasthauses „Zum Roten Rössl" in der Kastengasse, das für den

Frz. Xav. Glossner Neumarkt i. O., *13. März* 1928.

Lammsfriedl-Brauerei.

Lieber Bruder Anton!

Nach langer Zeit ein Lebenszeichen
von mir. Ich bin gesund und munter.
Hoffentlich auch (Th.) Du mit Deiner
Liese. Wie Dir vielleicht schon bekannt
ist, haben von uns 2 Braubursche
aufgehört. Einer kam in die Lamsch.
Abt und der andere nach Karlsruhe.
Gleichzeitig hatten wir eine größere
Betriebsstörung mit unserem Dampf-
kessel. Wir bekamen dann einen
elektr. Motor zum Ersatz und hatten
natürlich vollauf zu tun, da
wir 2 Leute weniger hatten. 1 Bursch
haben wir nun wieder. Einen brauchen
wir noch weil ich dauernd in
der Brauerei mithelfen muß. Mit
14 Tagen ist alles vorbei; holt man mir

Wie aus dem Briefkopf ersichtlich wird,
lautete die Firmenbezeichnung für kurze Zeit
„Lammsfriedl-Brauerei" (1914 bis zum Ende
des 20er Jahre). Im Übrigen beschreibt der
Brief die Nöte eines Brauereibesitzers bei der
Suche nach Personal.

Maria und Franz Xaver Gloßner
Ende der 30er Jahre.

Aus dem Einwohnerverzeichnis von 1925.

Brauerei Gloßner,

Neumarkt Opf.

Telefon Nr. 11

Herstellung
vorzügl. heller u. dunkler
Lagerbiere.
Eigene Ausschankstätte
„Zum Lammsfriedl"
Kastengasse Nr. 8.

Brauerei und Mälzerei:
Herrnwirtsgasse Nr. 18
Kelleranlage:
Schwesterhausgasse Nr. 14 u. 15
Büro:
Kastengasse Nr. 8

gefallenen Georg gedacht gewesen war, zusammen mit dem alten Kapuzinerkeller. Auch die vor dem 1. Weltkrieg angekauften Gaststätten in Lippertshofen und Niederhofen wurden neuen Besitzern übergeben. Das alte Kommunbrauhaus in der Hallertorstraße war bereits 1914 verkauft worden, während das Brauhaus in der Bockwirtsgasse Nr. 2 weiter als Scheune benutzt wurde.[99]

Gegen Ende der 20er Jahre jedoch war die schwierige Zeit überwunden, und Franz Xaver Gloßner ging noch einmal mit neuem Elan an den Ausbau des alten Familienbetriebes. Nun wurde auch der Grundstein für das heutige Brauereigelände an der Schwesterhausgasse gelegt. Das Haus im Stadtgraben, Schwesterhausgasse Nr. 14, Witwensitz von Elisabeth Gloßner und gelegen neben dem noch vor dem Krieg errichteten Lager mit Gärkeller, war bereits 1914 zurück an die Brauerei Glossner gefallen.[100] Daher war es zumindest fürs Erste möglich, die Lagerfläche zu erweitern. Als sich der Stadtrat der Stadt Neumarkt nach langem

Renovierung des Kamins der Brauerei „Zum Lammsfriedl" um 1930. Mit Hut und Sonntagsanzug Josef Gloßner.

Zögern im Jahr 1924 endlich dazu durchgerungen hatte, ein örtliches Stromnetz aufzubauen, als die Transformatorenstationen eingerichtet und die Versorgung mit Strom gesichert war, konnte endlich auch die Brauerei Glossner technisch wieder auf den neuesten Stand gebracht werden: [101] Sowohl im Brauereigebäude in der Kastengasse als auch im Lager- und Gärkeller in der Schwesterhausgasse wurde 1927 auf strombetriebene Kühlung umgestellt und eine neue Kühlmaschine von Linde installiert, die heute noch zu besichtigen ist! Im Jahr 1929 schließlich stand der Gasthof „Zum Roten Rössl" erneut zum Verkauf und Franz Josef Gloßner entschloss sich zum Rückkauf. [102]

Der Sommerkeller am Höhenberg, der frühere Rösslwirtskeller, wurde nicht mehr von dem Brauerehepaar selbst bewirtschaftet, sondern ab 1925 verpachtet und von der Brauerei nur noch mit Bier beliefert. Der Biergarten war bei den Neumarktern offensichtlich beliebt, und die Brauerei entschloss sich daher, auch dort noch einmal zu investieren: Die Fasshalle wurde abgerissen und durch eine Bierhalle mit einer richtigen Toilettenanlage ersetzt.[103] Da fast alle anderen Keller inzwischen geschlossen waren, wurde der „Glossner-Keller", wie der ehemalige Rösslwirtskeller nun offiziell genannt wurde, in den folgenden Jahren die Attraktion des Neumarkter Biersommers. Noch am 31. Juli 1939, also einen Monat vor Kriegsausbruch, fand hier ein Gartenkonzert statt, zu dem sich etwa 600 „Kellerfreunde" einfanden.[104]

Gaststätte und Sommerkeller oder auch Bauern der Umgebung, die sich von der Brauerei hin und wieder ein Fass Bier liefern ließen, waren schon längst nicht mehr die einzigen Abnehmer. Mit dem Rückgang der Hausbrauereien, also der Wirte, die ihr Bier selbst brauten, und der zunehmenden Konzentrierung des Brauwesens auf größere Unternehmen bezogen

Lastwagen der Brauerei aus der Vorkriegszeit.

immer mehr Neumarkter Gastwirtschaften ihr Bier von der Brauerei Glossner. Die erste darunter war die Gaststätte Lehmeier, die 1917 in Neumarkt am Oberen Markt von der Familie Lehmeier erworben wurde.[105]

Ein besonderes Verhältnis der Brauerei bestand zur Gastwirtschaft im Turnerheim, eine Einrichtung des Neumarkter Turnvereins 1860 e. V., denn eines der Gründungsmitglieder war der Rösslwirt Anton Gloßner.[106] Der Turnverein, gegründet, wie der Name schon andeutet, im Jahr 1860, verdankte seine Entstehung der Tatsache, dass auch in Neumarkt eine wachsende Anzahl von Einwohnern in Industriebetrieben beschäftigt waren. Erst die Arbeit in einem Industriebetrieb aber, mit ihrer deutlichen Abgrenzung der Arbeitszeit von der damals äußerst knapp bemessenen arbeitsfreien Zeit, weckte das Bedürfnis, diese „Freizeit" angenehm zu füllen. Die Möglichkeiten der Freizeitgestaltung waren begrenzt, und man konnte sie im Kreis der Familie verbringen, im Wirtshaus oder eben in einem Verein. In der zweiten Hälfte des 19. Jahrhunderts kam

Bierflaschenetiketten aus der Zeit vor 1945.

rechts
Biertragerl aus dem Brauereimuseum.

es daher in ganz Deutschland zu einer Welle an Vereinsgründungen. Besonders bevorzugt waren dabei die Turnvereine, die nicht nur das gesellige Leben förderten, sondern auch noch der körperlichen Ertüchtigung dienten.

Die ersten Turnstunden des neuen Vereins fanden anscheinend noch in einer Gastwirtschaft statt. Schon zwei Jahre später, 1862, konnte der Verein den Turnplatz an der Mariahilfstraße kaufen und ab 1876 wurden dort Turnfeste abgehalten. Im Jahr 1905 schließlich bewilligte der Magistrat die Erbauung einer Turnhalle, die jedoch erst 1927 fertig gestellt werden konnte. Bei dem Bau hatten zwar die Vereinsmitglieder fleißig mitgearbeitet, die Kosten waren jedoch vom Verein allein nicht zu finanzieren und neben anderen Unternehmen hatte auch die Brauerei Glossner mit einem Darlehen ausgeholfen. Für das ebenfalls dort eingerichtete neue Gasthaus besorgte die Brauerei dann auch die Bierlieferungen. [107]

Der Neumarkter Turnverein 1860 e.V. Zur Gastwirtschaft des Vereins, dem Turnerheim, besteht eine besonders enge Verbindung, da Rösslwirt Anton Gloßner zu den Gründungsmitgliedern des Vereins gezählt hatte.

Braumeister Hans Moser
(1933–1934)

Bierfilz aus der Zeit vor 1945

Bei den in der Brauerei hergestellten Biersorten waren moderne Zeiten eingezogen: Man schenkte jetzt nicht mehr nur das traditionelle Dunkel aus, sondern auch das Helle. Bis in das 19. Jahrhundert war das in ganz Bayern getrunkene Bier ein dunkles Bier, das „Braunbier" (im Gegensatz zum „Weißbier"). Das neue „Helle" war ursprünglich die Erfindung eines Pilsener Braumeisters und hatte bereits gegen Ende des 19. Jahrhunderts in Bayern so viele Liebhaber gefunden, dass bald auch bayerische Brauereien daran gingen, dieses „Pilsener", wie man es zuerst überall nannte, zu brauen. Da das helle Bier weniger stark gebraut wurde, sprachen sich Ärzte sogar für die medizinische Wirksamkeit dieser neuen Sorte aus, und so brauten das „Helle" schließlich alle bayerischen Brauereien.[108] Für Volksfeste und während der Fastenzeit war natürlich auch in der Brauerei Glossner das Brauen von Märzen, Fest- oder Bockbier unumgänglich, und ab 1937 schließlich schenkte man im Brauereigasthof nicht nur das selbst gebraute helle und dunkle Bier, sondern auch Weißbier einer Oberpfälzer Brauerei aus.[109]

Als Franz Xaver Gloßner am 1. Oktober 1934 die Brauerei samt Gaststätte und Landwirtschaft seinem Sohn Josef übergab, konnte der neue Besitzer zwar einen gesunden Betrieb übernehmen, jedoch hatte auch er, wie alle anderen Brauer, mit der schlechten wirtschaftlichen Lage zu kämpfen. Die kurze Zeit des wirtschaftlichen Aufschwungs nach den harten Jahren der Inflation 1922 und 1923 war vorüber und ab 1929, stärker noch ab 1930 machten sich wirtschaftlicher Niedergang und wachsende Arbeitslosigkeit immer deutlicher bemerkbar. Selbst in Bayern, wo Bier nicht als alkoholisches Getränk, sondern als Nahrungsmittel galt, war als Folge der Verarmung weiter Teile der Bevölkerung der Bierkonsum rückläufig. Diese Entwicklung war offensichtlich auch in der Stadt Neumarkt zu beobachten, da hier aufgrund des hohen Anteils an Industriebetrieben die dort Beschäftigten besonders von der Wirtschaftskrise betroffen waren.[110]

Ratsstube im Lokal „Ratsdiele" am Oberen Markt in den 20er oder frühen 30er Jahren.

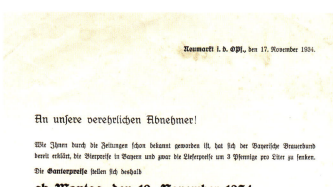

Das Senken der Bierpreise geschah auf Druck der Nationalsozialisten und war in Wirklichkeit eine Propagandamaßnahme der neuen Machthaber.

Dementsprechend rückläufig war der Bierausstoß der Brauerei Glossner. In der von der Brauerei seit 1919 geführten Statistik lässt sich sowohl die Zeit der Inflation, also die Jahre 1922 bis 1924, als auch die Zeit der Weltwirtschaftkrise und der Depression ab 1929 deutlich an dem geringeren Umfang des verkauften Bieres festmachen. (Dabei handelte es sich jeweils um einen Rückgang von mehreren hundert Hektolitern.) Wenig förderlich war schließlich auch die Bierpreispolitik der Nationalsozialisten nach ihrer Machtergreifung 1933. Hatten früher die Brauereien über den Bayerischen Brauerbund eine gewisse Einflussnahme auf die Preise ausüben können, war dies nach 1933 nicht mehr möglich. Die Preise legte nun der Reichsnährstand fest. Eine Mitgliedschaft im Reichsnährstand bzw. in einer seiner Untergruppen, der Wirtschaftsgruppe Brauereien und Mälzereien, und bei kleineren Brauereien im Reichsinnungsverband des Brauer- und Mälzerverbandes war nun zwar Pflicht, aber die Preise konnte man jedoch auf diesem Weg nicht mehr beeinflussen; sie waren nun von innenpolitischen Zielsetzungen diktiert.[111]

Auf das Senken der Bierpreise, in Bayern in Zeiten politischer Unsicherheit immer ein probates Mittel der Besänftigung, griffen auch die Nationalsozialisten zurück. Ab 16. November 1934 wurden daher in „Absprache" mit dem Bayerischen Brauerbund, womit die „Freiwilligkeit" des Beschlusses unterstrichen werden sollte, die Bierpreise gesenkt. Nach einer Aussage Adolf Wagners, Gauleiter von Oberbayern und seit 1933 Bayerischer Innenminister, war diese Maßnahme aus dem „Opfergedanken der Allgemeinheit heraus geboren" als Hilfsmaßnahme für die vielen Erwerbslosen in

Deutschland. Wenig später wurde allerdings nur allzu deutlich, dass viele Brauereien auf dieser Grundlage nicht mehr wirtschaftlich arbeiten konnten und einige bereits Kurzarbeit eingeführt hatten oder sogar dazu gezwungen waren, den Betrieb ganz einzustellen. Daher hoben die Nationalsozialisten mit Beschluss vom 31. Juli 1936 die Bierpreise wieder an und die Ausschankpreise erhöhten sich dadurch um vier Pfennige pro Liter.[112]

Josef Gloßner schaffte es, die wirtschaftlichen Schwierigkeiten seiner Anfangsjahre zu überwinden und die steigenden Ausstoßzahlen der nun folgenden Jahre gaben ihm die Möglichkeit, wieder in den Betrieb zu investieren. Erneut brachte er Brauerei und Mälzerei auf den neuesten technischen Stand und ließ sogar den Brauereigasthof in der Kastengasse Nr. 8 aufstocken. Diese Baumaßnahmen waren 1939 abgeschlossen, wenige Monate vor dem Beginn des 2. Weltkrieges.[113]

Mit dem Fortschreiten des Krieges wurde das Bierbrauen wieder zunehmend schwierig. Diesmal war es aber nicht die Rohstoffknappheit, die den Brauereien am meisten zu schaffen machte. Die Verteilung der Rohstoffe Gerste, Hopfen und Malz wurde nun geregelt vom Reichsnährstand, und aufgrund einer strengen staatlichen Bewirtschaftung und rücksichtsloser Ausbeutung besetzter Gebiete war die Versorgung während des 2. Weltkrieges wesentlich besser. Allerdings traten ab 1940 trotz aller Vorsorge erste Engpässe auf und es musste wieder Dünnbier gebraut werden.

Wesentlich einschneidender aber waren die Einberufungen, die den Arbeiterstamm auch der Brauerei Glossner ausdünnten. Bis zum Ausbruch des Krieges hatten in der Brauerei neben Braumeister Seitz vier Gesellen, zwei Lehrlinge, sieben Hilfskräfte und drei Angestellte gearbeitet.[114] Ab 1940 waren bis auf den Braumeister alle männlichen Arbeitskräfte einschließlich des Besitzers eingezogen. Gaststätte und Brauerei sowie den landwirtschaftlichen Betrieb leitete nun Josef Gloßners Ehefrau Anna unter Mithilfe einer weiblichen Buchhalterin und einiger Hilfskräfte.[115] Mit welchem Elan der Betrieb trotzdem weitergeführt wurde,

Braumeister Richard Balzar
(1934–1937)

Braumeister Andreas Seitz
(1937–1956)

lässt sich aus den Bierausstoßzahlen ablesen: In den Kriegsjahren war der Bierausstoß keineswegs rückläufig, erst 1945 sank er auf die Hälfte ab.[116] Der Sommerkeller am Höhenberg wurde gegen Ende des Krieges von der Organisation Todt beschlagnahmt und gegen einen geringen Mietpreis als Lager für Konserven und Spirituosen verwendet. In den letzten Kriegswochen war hier im Wirtschaftsgebäude ein Lazarett untergebracht.[117]

Vom unmittelbaren Kriegsgeschehen blieb die Stadt Neumarkt in den ersten Kriegsjahren verschont, zu unbedeutend erschien die kleine Stadt im Gegensatz zu Großstädten wie Nürnberg oder München. Bedrohlicher wurde die Lage erst mit dem Näherrücken der alliierten Streitkräfte zu Beginn des letzten Kriegsjahres 1945, und die Luftangriffe richteten sich nun im Februar auch auf Neumarkt.[118] Mit dem Näherrücken der Front wurde die Lage in der Stadt zunehmend gefährlich, und nach weiteren schweren Luftangriffen zogen es die meisten Neumarkter vor, ihre Stadt zu verlassen. Das Schicksal Neumarkts war besiegelt, als sich eine Gruppe von SS-Soldaten hier festsetzte und den anrückenden Amerikanern erbitterten Widerstand entgegensetzte. Die geflüchteten Neumarkter Bürger, die vergebens versucht hatten, die SS-Gruppe zum Abzug zu bewegen und die Stadt durch das Angebot einer bedingungslosen Übergabe zu retten, mussten aus der Ferne mit ansehen, wie vom 18. bis zum 22. April ihre Heimatstadt in Schutt und Asche gelegt wurde. Im Anschluss daran wurde als Strafmaßnahme die Stadt zur Plünderung freigegeben.[119]

Die Schwesterhausgasse auf einer
Aufnahme vor dem 2. Weltkrieg.

Neuanfang und Wiederaufbau ab 1945

Den zurückkehrenden Neumarktern bot sich ein erschreckendes Bild. Von 573 Häusern der Altstadt waren 525, also 92 % zerstört. Etwas besser war es den Häusern in der äußeren Stadt ergangen, hier war nur etwa ein Drittel der Bausubstanz betroffen.[120] Da fast alle Gebäude der Brauerei Glossner in der Altstadt gelegen waren, musste auch die Brauerei große Verluste hinnehmen. Durch die Luftangriffe waren die Wohn- und Gasthäuser in der Kastengasse Nr. 8 und in der Kastengasse Nr. 14 mit allen Stallungen und Nebengebäuden zerstört, ebenso die Wohnhäuser in der Schwesterhausgasse und der Stadel in der Bockwirtsgasse, das ehemalige Kommunbrauhaus. Die Familie Gloßner war nach der Evakuierung in Unterbuchfeld untergekommen, für eine vorläufige Unterkunft war also gesorgt. Bis zum Abschluss der Wiederaufbauarbeiten an den Wohngebäuden lebte die Familie dann bei den Eltern der Ehefrau Gloßner in der Bahnhofstraße. Auch das Brauereigebäude in der Herzwirtsgasse war zusammen mit der Mälzerei dem Erdboden gleichgemacht, 150 Doppelzentner Braumalz, neun Doppelzentner Hopfen und 190 Doppelzentner Braunkohle waren bei den Luftangriffen verbrannt. Lediglich ein Stall in der Kastengasse Nr. 8 und die Bier- und Eiskeller in der Schwesterhausgasse Nr. 15 waren noch einigermaßen intakt. Bierbrauen schien also nicht mehr möglich zu sein.[121]

Doch nicht nur die Neumarkter, sondern auch die amerikanischen Besatzer verlangten Bier. Zuerst wurde daher das noch in den Lagern vorhandene Kriegsbier mit 2,8 % ausgeliefert. Die Ausgabe von Bier an die Zivilbevölkerung war jedoch ab Ende Juni immer wieder verboten. Um den Bauern der Umgebung Erntebier liefern zu können, hielt man der Militärregierung die traurige Tatsache vor Augen, dass unter diesen

Blick vom Turm der Johanneskirche auf das zerstörte Neumarkt nach Südosten.
In der linken Bildmitte oben ist das einzige erhaltene Gebäude der Brauerei Glossner zu sehen, erkennbar an den zwei Kaminen.

unten
Die zerstörte Mälzerei.

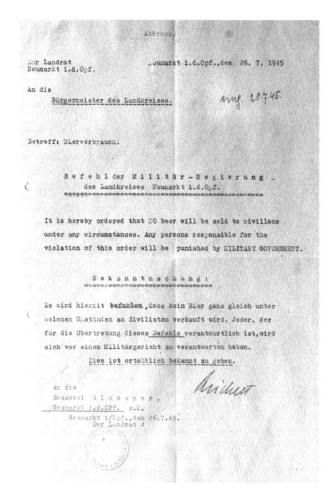

Für kurze Zeit galt ein von der amerikanischen Militärregierung ausgegebenes Verkaufsverbot für Bier. Erst als man den Amerikanern erklärte, in diesem Fall müssten die Bauern anstelle des üblichen Erntebieres Milch trinken und könnten daher nur wenig Milch an die Stadtbevölkerung liefern, nahmen die Besatzer von dem Verbot Abstand.

Umständen die Bauern dazu gezwungen seien, Milch(!) zu trinken, die Versorgung mit Milch dadurch aber für die Stadtbevölkerung äußerst problematisch sei, ein Einwand, der offensichtlich berücksichtigt wurde. [122]

In Zusammenarbeit mit anderen Brauern aus Neumarkt konnte dann ein Weg gefunden werden, trotz zerstörter Brauereigebäude wieder selbst Bier einzubrauen: Geschrotet und gesotten wurde im Sudhaus des Brauhauses Neumarkt in der Badstraße, nun im Besitz der Brauerei Humbser-Fürth, die großzügigerweise den beiden ausgebombten Brauern Neumarkts Gansbrauerei und Glossnerbräu ihr Sudhaus zur Verfügung stellte. [123] Schwieriger war es, Rohstoffe zu kaufen und das nötige Braumaterial zu besorgen, denn es fehlte an allem: an Bierflaschen und ihren Verschlüssen, an Pech für die Bierfässer, Fasskorken, Spundlappen, Durchschlagscheiben, Fassbürsten … [124] Da sowohl Malz als auch ein Großteil der Kohlen verbrannt war, mussten unter schwierigen Umständen neues Malz und Kohlen besorgt werden. Sobald aber Rohstoffe außerhalb Neumarkt ausfindig gemacht werden konnten, war zu ihrem Transport die Zustimmung der Militärregierung einzuholen. Die Autofahrt dreier Neumarkter Brauer, Josef Gloßner, Ludwig Ehrnsperger (Gansbrauerei) und Franz Graßler (Brauhaus Neumarkt), am 16. Juli 1945 geriet daher zum denkwürdigen Ereignis: Mit Zustimmung der Militärregierung unternahmen sie ihre Fahrt zu Malzfabriken in Nördlingen und Wemding auf der (erfolgreichen) Suche nach Malzvorräten. [125]

Nicht nur Autofahrten, sondern das ganze tägliche Leben war von Vorschriften der Militärregierung bestimmt, die in jedem Punkt gefragt werden musste, sei es nun bei der Beschaffung einiger Materialien vom Lager auf dem Galgenhügel oder dem Kauf von zwölf Quadratmeter neuen Fensterglases, damit im Winter die Fass- und Flaschenreinigungs-

Die zerstörten Brauerei- und Mälzereigebäude in der Schwesterhausgasse (oben) und Herzwirtsgasse (unten) auf Zeichnungen von Professor Wächler aus dem Jahr 1945.

Das Brauereigelände
während des raschen
Wiederaufbaus nach
1945. Das Ausmaß der
Zerstörungen ist hier
noch gut zu erkennen.

anlage nicht einfror. Die Erlaubnis zum Versenden von Geschäftspost musste ebenso eingeholt werden wie zur Lagerung des noch verbliebenen Malzes, von Gerste oder das Unterstellen eines Lastwagens in einem Gebäude an der Bahnhofstraße. Und nicht zuletzt unterrichteten zuerst tägliche, dann wöchentliche und schließlich monatliche Berichte die Militärregierung über den Geschäftsvorgang in der Brauerei.

Auch die Ausgabe von Bier war genehmigungspflichtig und immer wieder wurde die Herstellung ganz verboten wie z.B. am 29. Oktober 1945. Um das in den Brauereien lagernde Bier nicht verderben zu lassen, konnte man drei Tage später zumindest die Erlaubnis zum Verkauf des bisher gebrauten Bieres erreichen, das jedoch einen Alkoholgehalt von 2% nicht überschreiten durfte. Die Militärregierung reagierte damit auf die zunehmende Knappheit von Lebensmitteln in ganz Deutsch-

Rückansicht des teilweise
wieder aufgebauten
Gebäudetrakts in der
Herzwirtsgasse. Ein
Gebäudeteil wurde mittlerweile als Hühnerstall
genutzt.

land, ohne Verständnis für die besondere Rolle, die Bier in Bayern immer noch spielte. Die Bierpreise legte mittlerweile die Preisbildungsstelle in München fest: Im Juli 1945 kostete ein Liter Fassbier 47 Pfennige, ein halber Liter 24 Pfennige. Das Flaschenbier war damals etwas teurer; hier waren der Liter um 53 Pfennige zu haben und der halbe Liter um 27 Pfennige. [126]

Für den Glossner-Keller hatte man mittlerweile eine neue Nutzungsmöglichkeit gefunden. Er lag nicht mehr einsam am Höhenberg, denn in seiner nahen Umgebung waren auf ehemaligen Grundstücken der Brauerei seit 1942 Behelfsunterkünfte gebaut für aus Hamburg evakuierte Sprengstoffarbeiter und ihre Familien, die während des Krieges in Neumarkt Unterschlupf gefunden hatten. Die ehemalige Bierhalle, inzwischen eine Gaststätte mit Gastzimmer, Schlafzimmer, Schlafraum,

„Zugelassener Geschäftsbetrieb – Licensed place of business"

(gemäß V. O. des bayer. Staatsministeriums des Innern vom 25. September 1945)

Entnazifiziert laut Gesetz zur Befreiung von Nationalsozialismus und Militarismus

Neumarkt Opf., den 1. Februar 1947.

Landratsamt.

Nach dem Ende des Krieges war für jeden Geschäftsbetrieb eine Betriebserlaubnis einzuholen. Grundlage für diese Erlaubnis war eine Bescheinigung der Entnazifizierungsbehörde.

unten
Transport der Bierwürze mit dem Pferdefuhrwerk in der Nachkriegszeit.

Küche, Hausgang und Toilettenanlage, wurde zum Wohnhaus von sudetendeutschen Vertriebenen, die in der Brauerei Glossner als Arbeitskräfte beschäftigt waren. Den Felsenkeller nutzten nun die in den Behelfsheimen untergebrachten Flüchtlinge als Kartoffelkeller. [127]

Bei der Suche nach neuen Mitarbeitern war man in der Brauerei Glossner offensichtlich vom Glück begünstigt, denn Arbeitskräfte waren in den Monaten nach Kriegsende rar. 1946 konnte die Brauerei bereits wieder auf elf Arbeiter und Angestellte bauen: Die Belegschaft bestand nun aus zwei gelernten Arbeitern, einem angelernten Arbeiter, fünf Ungelernten und drei Angestellten. [128] Der Tatkraft sowohl der Mitarbeiter als auch der Familie Gloßner war es wohl zu verdanken, dass das Brauen unter den geschilderten schwierigen Umständen fortgesetzt werden konnte. Die Ausstoßzahlen erreichten während der beiden Nachkriegsjahre 1946 und 1947 sogar knapp die Höhe der Kriegsjahre 1939 bis 1940.

Nach der Währungsreform 1948 aber gingen die Ausstoßzahlen dramatisch zurück, ganz entgegen der allgemein vertretenen Meinung, mit der Währungsreform sei man in Deutschland nahtlos in die Zeit des Wirtschaftswunders übergegangen. Für die Brauereien in Deutschland aber war dies nicht der Fall. Für sie wirkte sich der ungünstige Umstand aus, dass trotz neuer und stabiler Währung die Kaufkraft der Kunden noch nicht hoch war und man Geld hauptsächlich für Grundnahrungsmittel ausgab, eine Tatsache, die für das Bier – zumindest in Bayern – gesprochen hätte. Wesentlich nachteiliger jedoch war die hohe Besteuerung des Bieres, was wieder die Preise kräftig anhob: Für einen halben Liter Bier zahlte man nun 37 Pfennige und das bei einem weiterhin beibehaltenen Stammwürzegehalt von 1,7 Prozent. (In der Vorkriegszeit hatte man für 11-prozentiges Bier 25 Pfennige bezahlt!) Der Biergenuss beim ersten Neumarkter Volksfest der Nachkriegszeit im Jahr 1947 war also etwas getrübt. Als schließlich im Herbst ein 8-prozentiges Bier und im Herbst 1949 wieder die Herstellung des 11-prozentigen Bieres zugelassen war, blieben die Preise aufgrund der hohen Besteuerung auch weiterhin für viele der Kunden zu teuer; man lernte

Pferdegespann der Brauerei Glossner auf dem Neumarkter Volksfest.

unten
Bieretiketten aus der Nachkriegszeit.

Im Jahr 1952 belieferte die Brauerei Glossner zum ersten Mal das Neumarkter Volksfest nach dem Krieg. Anstelle eines Pferdegespanns wurde zu dieser Zeit noch ein Ochsengespann eingesetzt.

Sparen auch beim Bier. Mit dem Sinken der Besteuerung auf ein niedrigeres Niveau sanken dann ab 1950 endlich auch wieder die Preise und die Ausstoßzahlen der Brauereien stiegen wieder. [129]

In der Brauerei Glossner dauerte die Phase des gesunkenen Ausstoßes noch etwas länger, und man reichte erst 1951 wieder an die Vorkriegszahlen heran. Im folgenden Jahr 1952 wurde dann der Ausstoß noch einmal deutlich erhöht, denn diesmal traf der unter den Neumarkter Brauereien eingeführte dreijährige Lieferturnus für das Neumarkter Volksfest die Brauerei Glossner. Das Festbier konnte bereits in der wieder aufgebauten Brauerei in der Herzwirtsgasse gebraut werden. Den Wiederaufbau der zerstörten Gebäude hatte man auf den noch stehenden Ruinen begonnen mit Material, das erhalten geblieben und noch zu verwenden war, und neuem Material, das unter schwierigsten Bedingungen besorgt wurde. Auch bei den Maschinen behalf man sich mit alten, teilweise zerstörten Teilen, die mit Hilfe neuerer Ersatzstücke wiederhergestellt wurden. Als im Jahr 1951 dann das Sudhaus fertig gestellt war, musste im Brauhaus in der Badstraße nur noch geschrotet werden, bis schließlich auch eine gebrauchte Schrotmaschine erstanden wurde. Endlich konnten wieder sämtliche Brauvorgänge in der eigenen Brauerei durchgeführt werden. Die zerstörte Mälzerei wurde nicht mehr wieder aufgebaut; das nötige Malz kam nun im Lohnmälzverfahren aus Altdorf.[130]

Immer noch aber war die Brauerei zweigeteilt. Die in der Herzwirtsgasse gebraute Würze fuhr man in Fässern in die Schwesterhausgasse zur Gärung und Lagerung und füllte es dort in die in der Herzwirtsgasse gewaschenen Flaschen. Diese Zweiteilung des Betriebes war in der

Brauer Josef Gloßner auf dem Neumarkter Volksfest in den 50er Jahren.

unten
Das Gespann der Brauerei, nun gezogen von Pferden, auf dem Volksfest von 1957.

Vorkriegszeit kaum ein Problem gewesen, denn im Allgemeinen lieferte man den Gastwirten und anderen Kunden das Bier in Fässern. Auch einige der Privatkunden zogen das Fassbier vor und schickten nötigenfalls auch die Kinder mit dem Maßkrug zum Wirt über die Straße. Flaschenbier war eine Neuheit, die man nicht so schnell akzeptierte. Mit dem Anbrechen neuer Zeiten nach dem 2. Weltkrieg und der zunehmenden Neigung der Kunden, Bier nicht nur am gemütlichen Wirtshausstammtisch, sondern auch zu Hause zu trinken und ohne dass man den Nachbarn zeigte, wie oft man die Kinder wieder zum Wirt geschickt hatte, wurde Flaschenbier zunehmend populär.

Der „Oxerer" Franz Brandl mit geschmücktem Gespann und Fuhrfass.

Die Gaststube der Brauereigaststätte in der Kastengasse auf einer Aufnahme der 50er Jahre.

Gleichzeitig aber fand ein wesentlich tief greifenderer Wandel in der Rolle statt, die das Bier in der Bevölkerung einnahm. Lange Zeit hatte Bier in Bayern als Grundnahrungsmittel gedient, das nur in Zeiten größter Gerstenknappheit hinter dem täglichen Brot zurückstehen musste und als Getränk für Arbeiter und Bauern selbst in den härtesten Kriegszeiten zu liefern war, wenn auch in starker Verdünnung. Nun aber wandelte sich Bier zum „Feierabendgetränk", zum Genussmittel. Und noch ein weiterer Punkt war nicht ganz ohne Bedeutung: Die Preisfestsetzung durch eine zentrale Stelle entfiel und war nun, nach dem neuen Kartellgesetz von 1957, sogar verboten. [131] Die einzelnen Brauereien standen daher viel mehr als früher zueinander im Wettbewerb und mussten für ihr Produkt sogar werben.

Für die Brauerei Glossner und deren Besitzer Josef Gloßner bedeuteten daher die Jahre des Wiederaufbaus nicht nur die Schaffung eines funktionierenden, sondern eines vor allem wirtschaftlich arbeitenden Betriebes. Großer Wert musste auf die Qualität des Bieres gelegt werden, um der neuen Rolle des Getränks und den damit gestiegenen Ansprüchen der Kunden gerecht zu werden. Und nicht zuletzt musste auch ein neuer und größerer Kundenstamm aufgebaut werden. Die Wirte der Altstadt, die vor dem Krieg zu den Kunden der Brauerei Glossner gezählt hatten, waren ausgebombt und hatten selbst schwer um den Aufbau ihrer Betriebe zu kämpfen. Bis 1950 hatten erst zwei der ehemaligen fünf Wirte ihre Gasthäuser wieder eröffnet. [132]

Werbeschild aus den 50er Jahren im Brauereimuseum.

unten
Lastwagen der Brauerei im Jahr 1952.

Neumarkt i.d.OPf. auf einer
Luftaufnahme von ca.1955.

Die Brauerei konnte jedoch von dem atemberaubenden wirtschaftlichen Wiederaufbau profitieren, der ab 1946 in Neumarkt einsetzte.
Schon im Herbst 1946 hatten sämtliche Neumarkter Betriebe ihre Produktion wieder aufgenommen und nach kurzer Zeit nicht nur ihre frü-
heren Kapazitäten erreicht, sondern sie schon bald übertroffen. In der
Zeit des Wirtschaftswunders, das in Neumarkt fast schon vorbildhaft
erarbeitet wurde, entwickelte sich die Stadt mit Hilfe ihrer Industrie-
betriebe zu einem wichtigen Zentrum der Oberpfalz. Infolgedessen
kamen zu den zahlreichen Zugezogenen, die hier während der letzten
Kriegsmonate Zuflucht gesucht hatten, immer mehr Neubürger.

Werkzeuge der Fassmacher im Brauereimuseum.

unten
Noch 1964 konnte man in der Brauerei zwei
Mitarbeiter (Sebastian „Wastl" Schellerer und
Georg „Schorre" Ehrnsberger) beim Abdichten
der Fässer mit Pech, also beim „Pichen"
beobachten.

Um für die stark angewachsene Bevölkerung ausreichenden Wohn-
raum zu schaffen, musste die Stadt größere Neubaugebiete für den
Wohnungsbau ausweisen,[133] eine Entwicklung, von der auch die Bau-
wirtschaft profitierte. Das rasche Wachstum der Stadt schuf für die
Brauerei natürlich gute Möglichkeiten, Kunden zu gewinnen und sich
dabei neu zu orientieren. Die Brauerei Glossner veränderte also noch
einmal ihr Gesicht und ihre Ausrichtung. Die Landwirtschaft, in Zeiten
des Gründers Gregor Gloßner selbstverständliches zweites Standbein
des Familieneinkommens, wurde 1960 aufgegeben und die Grundstücke verpachtet, um alle Kräfte völlig auf den Neuaufbau der Brauerei

Diese Fassabfüllanlage war von 1948
bis 1977 in Betrieb und befindet sich
heute im Brauereimuseum.

Flaschenetiketten und Flaschen-
etikettieranlage aus der Nachkriegszeit –
heute im Brauereimuseum.

konzentrieren zu können. Als ein erster Schritt erfolgte während der Jahre 1952 bis 1954 der Umbau früherer Eiskeller in der Schwesterhausgasse Nr. 15 in Gär- und Lagerkeller, um hier größere Kapazitäten zu schaffen. Die Gärkeller waren nun mit offenen Bottichen und Mantelkühlung ausgestattet, die Lagerkeller mit Aluminiumtanks. Mit dem Ausbau der Kälteanlage konnte darüber hinaus eine höhere Kellerkühlleistung erreicht werden.

Eine wahrhaft revolutionäre Neuerung war jedoch die Inbetriebnahme einer neuen Flaschenwasch- und Flaschenabfüllanlage am 1. Januar 1955. Diese neue Anlage war imstande, 3000 Flaschen in der Stunde zu reinigen und abzufüllen, während die alte Anlage in der gleichen Zeitspanne nur 700 Flaschen gesäubert hatte. Dafür waren aber für ihre Bedienung, bestehend aus Einweichrad, Trommelbürstmaschine, Spritzmaschine, Flaschenfüller, und Etikettiermaschine, zusammen mit dem Braumeister ganze sieben Personen notwendig. (Die alte

Die neue Flaschenwasch- und Flaschenabfüllanlage, die bis 1985 in Betrieb blieb.

Anlage ist heute noch im Brauereimuseum im „alten Flaschenkeller" zu besichtigen) Nicht nur der hohe Personaleinsatz stellte die Wirtschaftlichkeit der alten Anlage in Frage und machte eine neue Einrichtung dringend erforderlich. Zu Zeiten ihrer Nutzung war diese Anlage wie schon erwähnt geteilt: Der Reinigungsteil stand in der Herzwirtsgasse, weil dort im Sudhaus warmes Wasser zur Verfügung stand. Nach ihrer Reinigung wurden dann die Flaschen verschlossen, auf Ochsengespanne

Flaschenetiketten
aus den 6oer Jahren.

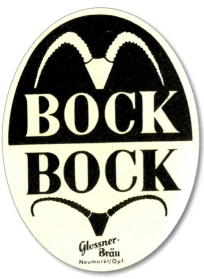

verladen und in die Schwesterhausgasse gefahren und abgeladen. In der dortigen Abfüllanlage wurden sie dann erneut geöffnet, gefüllt und wieder verschlossen, schließlich etikettiert und für den Versand gelagert. Mit der neuen Anlage in der Schwesterhausgasse konnte also ein bisher äußerst arbeits- und zeitaufwendiges Verfahren ganz wesentlich abgekürzt werden.[134]

Das eigentliche Brauverfahren wurde allerdings auch weiterhin im alten Gebäude durchgeführt, die Brauerei blieb also auf die Herzwirtsgasse und die Schwesterhausgasse aufgeteilt. Um der lästigen und arbeitsintensiven Zweiteilung des Betriebes endlich ein Ende zu bereiten, entschloss sich Josef Gloßner zum Bau eines neuen Sudhauses in der Schwesterhausgasse und mit seiner Fertigstellung Weihnachten 1967 konnte man sich den Traum eines ungeteilten Brauereibetriebes endlich erfüllen. Als weitere Errungenschaft wurden nun auch neue Kellergebäude mit Würzekühlung, Anstellkeller, Gärkeller und Lagerkeller eingerichtet. Um für die Herstellung des Glossner-Bieres günstigere hygienische Voraussetzungen zu schaffen, aber auch um eine bessere Temperaturführung für die Gärung zu erzielen, ersetzte man die alten Holzfässer und Holzbottiche mit Aluminiumtanks und -bottichen sowie mit Chromnickelstahlbottichen. Die schrittweise Verlagerung an einen Standort brachte also neben arbeitstechnischen Verbesserungen auch eine ganz wesentliche Qualitätssteigerung.

Mit dem „Umzug" in die Schwesterhausgasse hatte man noch ein anderes Ziel erreicht. Das dritte Element beim Brauen, das Wasser, spielt bekanntlich eine Rolle, die nicht zu gering eingeschätzt werden darf. Anlässlich des Umzuges in die Schwesterhausgasse musste dort natürlich Wasser in ausreichender Menge zur Verfügung stehen. Der hier genutzte Brunnen brachte nun aber eine wesentlich höhere Wasserqualität als der alte Brunnen in der Herzwirtsgasse, was sich wie nicht anders zu erwarten äußerst positiv auf den Biergeschmack auswirkte.

Die Brauerfamilie Anna und Josef Gloßner
mit allen Kindern um 1964. Links auf dem
Bild, neben der Mutter sitzend, der spätere
Erbe Franz Xaver Gloßner.

Die Brauerei in der Schwesterhausgasse

Ab 1966 machte man in der Brauerei in der Schwesterhausgasse die Probe aufs Exempel und übte sich in einer völlig neuen Art der Betriebsführung. Bisher hatte immer der Erbe und zukünftige Brauereibesitzer die Übergabe des Betriebs von Vater auf Sohn abgewartet und im Betrieb ohne Entscheidungsbefugnis mitgearbeitet. In einer Generation hatten Vater und Sohn nach der Übergabe sogar an zwei verschiedenen Orten agiert. Nun aber gab es zum ersten Mal den Versuch, den Betrieb gemeinsam zu führen und bis 1979 bestimmten zwei Generationen, Josef Gloßner und sein Sohn Franz Xaver, die Geschicke der Brauerei. Dieses Zusammenarbeiten zweier Generationen sollte sich als eine besonders glückliche Entscheidung herausstellen, denn auf diese Weise konnte die ältere Generation ihre reichen Erfahrungen mit einbringen, der Sohn jedoch auf dieser Basis neue Wege gehen. Und in den folgenden Jahren sollte sich zeigen, wie gut sich diese Zusammenarbeit auch auf den Gesamtausstoß auswirken sollte: Er stieg von ca. 13.500 im Jahr 1966 auf 73.000 Hektoliter im Jahr 1979![135]

Unter der Leitung von Vater und Sohn wurde die Brauerei auch noch einmal technisch auf den neuesten Stand gebracht und dem ausgeweiteten Kundenkreis und damit erhöhten Kapazitätsanforderungen angepasst. Da die im Jahr 1955 gekaufte Flaschenwaschanlage mit einer Leistung von 3.000 Flaschen pro Stunde angesichts der steigenden Produktionszahlen schon bald nicht mehr ausreichte, ersetzte man sie 1975 durch eine neue, leistungsfähigere Anlage mit einer Kapazität von 12.000 Flaschen in der gleichen Zeit. Die neue Anlage war u. a. auch deshalb nötig geworden, weil man sich 1975 dazu entschlossen hatte, für die Brauerei ein neues Verkaufssegment zu erschließen und nun

oben
Anna und Josef Gloßner um 1982.

links
Hopfen-Heißtrub-Filtration und Würzekühlung, eingebaut im Jahr 1967.

Die Brauerei Glossner stand 1966 bis 1979 unter der Leitung von Vater Josef Gloßner und Sohn Franz Xaver Gloßner (hier auf einer Aufnahme aus den späten 70er Jahren).

dazu überging, neben Bier auch Limonade herzustellen. Dieser neue Geschäftszweig entwickelte sich schon sehr bald zu einem zweiten Standbein.[136] Um den beträchtlichen Umfang der betrieblichen Aktivitäten auch buchhalterisch besser zu bewältigen, stieg man hier 1976 auf EDV um[137] – sicherlich für den gesamten Betrieb eine der einschneidendsten Neuerungen in diesen Jahren.

Im Jahr 1979 kam es dann zu einem weiteren wesentlichen Einschnitt in der Geschichte der Brauerei. Bei der endgültigen Geschäftsübergabe vom Vater Josef auf den Sohn Franz Xaver Gloßner wurde eine Teilung des Betriebes vorgenommen: Der alte Brauereigasthof „Zum Lammsfriedl" verblieb bei der Teilung zusammen mit den landwirtschaftlichen Grundstücken beim Vater und ging nach dessen Tod an den vierten Sohn über. Zum ersten Mal in ihrer langen Geschichte war die Brauerei Glossner ohne Landwirtschaft und eigenen Brauereigasthof.[138] Denn auch der Glossner-Keller hörte bald auf zu existieren. Die früher so beliebte Waldwirtschaft, in der in den 60er Jahren sogar Faschingsfeste

Braumeister Josef Deihl
(1953–1982)

Füllerei 1975

Sudhaus 1962

Gärtanks für untergäriges
Bier, ca. 1980

abgehalten wurden und die später auch noch einige Fremdenzimmer erhielt [139], verlor in den 70er Jahren an Popularität. Ein Grund dafür war der wachsende Rückzug der Neumarkter aus der Biergartenkultur und ihre wachsende Neigung, das Sommerbier im eigenen Garten zu trinken. Von 1976 bis 1981 diente das Gebäude als Treffpunkt für die in Neumarkt arbeitenden jugoslawischen Gastarbeiter, im Jahr 1981 wurde die Gastwirtschaft endgültig geschlossen. Nach einer Arrondierung des Geländes durch kleinere Grundstückszukäufe entstand hier 1982 das Wohnhaus der Familie Gloßner. Der Felsenkeller mit seinen guten Temperaturen wird weiter als Lager benutzt.

Regierungspräsident Erwin Krampol überreicht Franz Xaver Gloßner das Bundesverdienstkreuz am Bande. (Aufnahme um 1986)

rechts
Ehrenurkunde des Verbandes mittelständischer Privatbrauereien in Bayern e.V. von 1974 anlässlich des 400-jährigen Jubiläums der Brauerei Glossner. Franz Xaver Gloßner war jahrelang Präsident des Verbandes und damit Landesinnungsmeister, zeitweise auch Präsident des Verbandes der deutschen mittelständischen Privatbrauereien und damit Bundesinnungsmeister.

Zu Beginn der 80er Jahre stand Franz Xaver Gloßner vor einer schwer wiegenden Entscheidung. Für die behäbigen Hausbrauereien der vortechnischen Zeit war ein Standort in der Stadt ideal, denn hier waren die Wege vom Produzenten zum Kunden kurz und der von der Produktion beanspruchte Raum noch nicht übermäßig groß. Mit zunehmender Technisierung stellte sich jedoch für viele bayerische Brauereien die Standortfrage neu, denn der nun benötigte Raum wurde wesentlich umfangreicher. Großbrauereien waren bereits gegen Ende des 19. Jahrhunderts an den Stadtrand gezogen und wiederholten diese Wanderung vor die Stadt noch einmal in den 80er Jahren des 20. Jahrhunderts, um genügend Raum für einen mittlerweile hoch technisierten Betrieb zur Verfügung zu haben.

Aufgrund der Ausweitung ihrer Produktion hatte man auch für die Brauerei Glossner die Standortfrage neu zu überdenken und lange wurde daher ein Umzug vor die Stadt erwogen. Schließlich entschloss sich Franz Xaver Gloßner jedoch dazu, mit seinem Betrieb in der Altstadt

Braumeister Gerhard Hofmann
(1980–1991)

Braumeister Jürgen Schödl
(ab 1985)

Im Zuge der Modernisierungsmaßnahmen wurde 1972 bei der Lagerung des Bieres von großen Holzfässern auf Tanks umgestellt. Damit konnte das Glossner-Bier unter wesentlich hygienischeren Verhältnissen gelagert werden.

bzw. an ihrem Rand zu bleiben, hier den engen Raum durch neueste Technik bis in den letzten Winkel zu nutzen und damit einen hochmodernen Betrieb zu schaffen. Bereits 1982 war die Bottich-Gärung auf die geschlossene Tankgärung umgestellt, 1983 wurde ein neuer Entkorker gekauft, 1984 ein neuer Gärkeller mit vier Tanks eingerichtet.

Dies konnte jedoch nur durch den Ankauf einiger an das Brauereigelände angrenzenden Besitzungen ermöglicht werden, ein Unterfangen, das sich von 1982 bis 1987 hinzog. Mit dem letzten Grundstückskauf war dann ein zusammenhängendes Terrain zwischen Ludwigshain, Schwesterhausgasse und Rosengasse entstanden; durch den Bau eines Tunnels

Die Familie Gloßner um 1988 mit den Kindern Michael, Kristina, Franz-Xaver und Anja vor dem Felsenkeller.

unter der Schwesterhausgasse hindurch konnte sogar noch das Brauerei-grundstück an der Kastengasse Nr. 17 und Nr. 18 (heute Schwesterhaus-gasse 16) miteinbezogen werden. Von ursprünglich 3.217 Quadratmetern war schließlich das Brauereigelände durch Arrondierung und Vergröße-rung auf insgesamt 8.000 Quadratmeter angewachsen: 5.500 Quadrat-meter an der Schwesterhausgasse Nr. 8 bis 15, 1.000 Quadratmeter an der Schwesterhausgasse Nr. 16, das mit einem Tunnel verbundene Gelände, und weitere 1.500 Quadratmeter an der Wolfsgasse, ein Areal, das neu dazugekauft wurde.

Ab 1985 begann man mit der Renovierung und Sanierung aller Gebäude auf dem Brauereigelände. Da sich die Brauerei im ehemaligen Stadt-graben und damit direkt an der Stadtmauer befindet, wurde die Graben-böschung zum Ludwigshain hin abgetragen und mit einer Mauer von etwa 200 Metern Länge befestigt. Den auf diese Weise gewonnenen Raum konnte man dafür verwenden, hier endlich auch eine neue Halle für Leergut unterzubringen, das früher in einem gemieteten Außen

links oben
Die Stadt Neumarkt i.d.OPf. auf einer Luft-aufnahme von ca. 1995.

links unten
Arbeiten an der Böschungsmauer am Ludwigs-hain in den 80er Jahren des 20. Jahrhunderts. Die alte Böschung wurde abgetragen und eine neue Mauer als Schubmauer errichtet, um sowohl das Brauereigelände durch das Senk-rechtstellen der Mauer zu erweitern, als auch den Charakter einer mittelalterlichen Stadt-mauer nachzuempfinden.

Die frisch renovierte Brauerei Glossner,
gesehen von der Kreuzung Rosengasse und
Schwesterhausgasse. Gut sichtbar an der
Fassade zur Rosengasse der Stammbaum
der Familie Gloßner.

lager (im Milchhof an der Altdorfer Straße) gestapelt worden war. Der
ebenfalls neu eingerichtete Getränkemarkt zog allerdings bald in die
Sachsenstraße 1 um, da auf dem Brauereigelände erneut Platzmangel
zu spüren war.

Die noch erhaltenen Reste der Stadtmauer aber sowie ein Stadtturm,
der ehemalige Bertleinturm und nun Glossnerturm genannt, wurden
restauriert und blieben erhalten. Die Liebe zur Vergangenheit zeigt
sich auch in dem 1991 eröffneten Brauereimuseum (Schwesterhausgasse 9–12) wo man anhand alter Braugerätschaften die herkömmliche
Art des Brauens noch nacherleben kann. [140] In den an das Museum
anschließenden Gebäuden fanden die Büros der Verwaltung ihre Unterkunft, der Versand, der Verkauf und das Gläserlager. Mit den neu eingerichteten Gastzimmern, dem Bierstüberl, Hopfenstüberl, Bräustübl
und dem Glossner-Keller zusammen mit der Bierbar „Hopfenkammerl"
im ersten Stock ist wieder ein Bindeglied zur Vergangenheit geschaffen, denn nun gibt es wieder wie früher im „Roten Rössl" und in der
Gastwirtschaft „Zum Lammsfriedl" die traditionelle Brauereiwirtschaft
in der Brauerei. Seit dem Jahr 2002 wird das Bräustübl allerdings nicht

Anlässlich der Renovierung und Sanierung des Brauereigeländes an der Schwesterhausgasse wurden auch die noch vorhandenen Reste der alten Stadtmauer und ein Stadtturm, der ehemalige Bertleinsturm und heutige Glossnerturm, restauriert. Dazu wurde ein Brauereimuseum eingerichtet.

Ausstellungsstücke aus dem Brauereimuseum:

Tafel an einem Gärbottich mit den
wesentlichen Angaben zum neuen Sud.

Werbeschild.

Eine von Hand betriebene Bier- und
Würzepumpe („Bierwergl") im Brauereimuseum.

Stoßkarren für den Transport von
Bierfässern.

Der Glossner-Keller in der Brauerei an der Schwesterhausgasse. An dem hier gut sichtbaren Abschnitt der mittelalterlichen Stadtmauer sind alte Braugerätschaften angebracht.

Getreide-Hohlmaß im Brauereimuseum.

mehr in eigener Regie betrieben, sondern ist verpachtet. Der „Rössl-wirt" oder das Gasthaus „Zum Roten Rössl", in dem Anton Gloßner 1863 seinen Neuanfang wagte, wurde 1986 verkauft, das Gebäude abgerissen und an seiner Stelle ein Parkhaus errichtet. Anstelle dieses alten Gast-hauses erwarb oder erbaute die Brauerei mehrere Gaststätten in der Stadt und im Raum Neumarkt.

Bezeichnend für die Ausweitung der Geschäftsinteressen war das Hinausgehen über den Raum Neumarkt. Neben dem Erwerb von Gast-wirtschaften dehnte sich auch der Kreis der zu beliefernden Wirte und anderer Kunden aus, sodass heute auch Lieferadressen im Raum Nürn-berg-Fürth, in Erlangen, Bamberg, Amberg und Ingolstadt angefahren werden. Gerade bei diesem Punkt wird die Entwicklung der Brauerei

während der letzten Jahrzehnte besonders deutlich: von der Hausbrauerei eines Gregor Gloßner, der Bier für Velburger Kunden in seinen eigenen Räumen und zuerst nur zu bestimmten Zeiten im Jahr ausschenkte, zur Brauerei mit einem überregionalen Kundenkreis.

Dieser Kreis der Abnehmer wuchs bereits seit den 60er Jahren nicht nur geografisch, sondern auch mengenmäßig und mittlerweile zählen etwa 430 Gaststätten aller Art zu den Kunden der Brauerei. Neben Gastwirten konnten aber auch andere Kreise als Konsumenten gewonnen werden, sei es über den bereits erwähnten Getränkemarkt, über Betriebskantinen oder den Heimdienst, sodass jetzt von den Brauereifahrzeugen etwa 1200 gewerbliche und 1700 private Kunden angefahren werden. Wie nicht anders zu erwarten, bietet die Brauerei jetzt auch wesentlich mehr Arbeitsplätze. Im Gegensatz zu den 18 Beschäftigten im Jahr 1955 arbeiten heute, im Jahr 2009, etwa 75 Menschen für die Brauerei.

Der ehemalige Brauereigasthof in der Kastengasse, der heute noch von der Mutter des Brauereibesitzers geführt wird.

Diese beträchtliche Geschäftsausweitung war nur erreichbar durch das Erkunden neuer Möglichkeiten. Beim Verbraucher hatte sich inzwischen die Auffassung vom Getränk „Bier" wesentlich gewandelt: Vom Nahrungsmittel war es zu einem Genussmittel geworden und damit auch bestimmten „Moden" unterworfen. Um dem Bild, das der Verbraucher entwickelt hat, zu entsprechen, mussten hier neue Wege gegangen werden. Die Angebotspalette wurde daher wesentlich erweitert. Bereits in den 6oer Jahren hatte man sich zur ersten Neueinführung entschlossen: einem Pils, dem „GLOSSNER HOPFENGARTEN PILS". Die bekannteste Sorte ist wohl immer noch das „NEUMARKTER GOLD". Jedoch wird es in der Brauerei Glossner traditionell im Geschmack und in der Farbentiefe etwas kräftiger gebraut.

Der wachsenden Beliebtheit von obergärigem Bier bei den Kunden trug man gegen Ende der 8oer Jahre mit dem Beginn einer eigenen Weißbierproduktion Rechnung. Über viele Jahre hinweg hatte man vier

Weizenbiersorten anderer Brauereien vertrieben und ab etwa 1985 ließ man dort eigene Rezepturen brauen. Seit 1990 aber werden die mittlerweile acht Sorten Weißbier (FASSWEISSE, HEFEWEISSE, DUNKLES HEFEWEIZEN, KRISTALLWEIZEN, HELLE WOLKE, DUNKLE WOLKE und ALKOHOLFREIES WEIZENBIER) in der Schwesterhausgasse hergestellt. In die Reihe der Weizenbiere gehört auch der seit 1991 gebraute MARIAHILFBERGER WEIZENBOCK, der jedes Jahr zu Beginn der Fastenzeit auf den Markt kommt. Aus dem Restbock der vergangenen Saison entsteht übrigens ein Bierbrand, der MARIAHILFBERGER BIERBRAND.

Das dunkle Bier, noch im 19. Jahrhundert die bevorzugte Sorte bayerischer Biertrinker, bevor das nach Pilsener Art gebraute Helle allmählich den Vorrang erhielt, belegte inzwischen auf der Beliebtheitskala einen sehr niedrigen Rang. Ab dem Jahr 1985 begann jedoch die Brauerei Glossner mit dem Brauen eines dunklen Vollbieres in Exportqualität, dem „TORSCHMIED DUNKEL", das auch wieder vom Fass ausgeschänkt wird. Der Name erinnert übrigens an den mutigen Torschmied, der 1796 die Tore der Stadt öffnete, um sie vor der Zerstörung durch österreichische Truppen zu bewahren. Das stärkere „Dunkle", serviert in eigens dafür entworfenen Gläsern in Humpenform, erfreute sich bald steigender Beliebtheit bei den Konsumenten und das typische bayerische Bier gelangte auf diese Weise zu neuen Ehren.

Fastenbiere oder Saisonbiere wie der Weizenbock haben in Bayern Tradition. Anknüpfend an die Bierkultur vergangener Generationen wird, wie schon erwähnt, seit den 50er Jahren für die Monate Juli und August ein Festbier, ebenfalls „NEUMARKTER GOLD" genannt, gebraut. Dieses Festbier wird auch alle drei Jahre auf dem Jura-Volksfest ausgeschenkt, denn die Neumarkter Brauereien wechseln sich hier mit den Bierlieferungen im Jahresrhythmus ab. Seit 15 Jahren ist auch noch ein Weihnachts-Festbier (WEIHNACHTS-GLÖCKL) auf dem Markt und seit etwa acht Jahren ein Mai-Festbier (MAI-GLÖCKL). Um den Besuchern des Volksfestes den Weg zum Festplatz und wieder nach Hause zu erleichtern und sicherer zu gestalten, führte der NEUMARKTER GLOSSNER-BRÄU als erste Neumarkter Brauerei im Jahr 1985 einen Fahrdienst ein, der bis

Mitarbeiter der Brauerei Glossner vor dem
Felsenkeller in Höhenberg im Jahr 1985.
In der Mitte das Ehepaar Gloßner.

unten
Eine Besonderheit ist der Mariahilfberger
Bierbrand. Er wird gebrannt aus dem Restbock
der vergangenen Saison und trägt seinen
Namen nach dem Mariahilfberg bei Neumarkt.

links
Flaschenetiketten aus den 90er Jahren des
20. Jahrhunderts.

Mitternacht mit sechs Bussen im stündlichen Abstand im gesamten
Landkreis die Beförderung der Besucher übernahm. Im ersten Jahr hatte
der Fahrdienst bereits 6000 Teilnehmer.[141] Mittlerweile wurde dieser
Fahrdienst von der Stadt Neumarkt übernommen.

Mit dem Kauf des Brauhauses Altdorf im Jahr 1997 erweiterte sich
das beträchtliche Sortiment des NEUMARKTER GLOSSNER-BRÄU noch
einmal und es kamen auch noch zwei Sorten dieses Brauhauses dazu
(ein „Helles" und ein „Pils"). Damit war das Biersortiment der Brauerei
Glossner auf 17 Sorten angewachsen.[142]

Als sich aber in den 90er Jahren ein verstärkter Trend der Verbraucher zu
alkoholfreien Getränken abzuzeichnen begann, reagierte die Brauerei
auch auf diese Entwicklung und brachte als erste Neumarkter Brauerei
ein alkoholfreies Bier auf den Markt. Als Kompromiss und Zugeständnis an ein gestiegenes Figurbewusstsein der Verbraucher folgte ein
Schankbier mit 40% weniger Alkohol und 40% weniger Kalorien als
das Original Neumarkter Hell sowie zwei leichte Weißbiere. Ein „Radler"

Im Jahr 1992 wurde Franz Xaver Gloßner zum Ehrenpräsidenten des Verbandes mittelständischer Privatbrauereien in Bayern e. V. ernannt.

aus 50 % Bier und 50 % Limonade wurde inzwischen ebenfalls in das Sortiment mitaufgenommen. Als Weltneuheit entwickelte die Brauerei Glossner schließlich im Jahr 1999 die „DUNKLE WOLKE", ein aus sieben verschiedenen Malzen (Gerste, Weizen, Roggen, Dinkel, Hafer, Emmer und Einkorn) hergestelltes obergäriges Bier, das aufgrund dieser Rezeptur besonders geschmacksintensiv und daher von einem Weizenvollbier trotz seines um 40 % niedrigeren Alkoholgehaltes kaum mehr zu unterscheiden ist. Der Name bezieht sich übrigens auf die Hefewolke, die im dunklen Bier entsteht, wenn die Resthefe in das Weißbierglas gegossen wird. In Anlehnung daran erhielt auch die „Glossner leichte Weiße" ihren neuen Namen „HELLE WOLKE". [143]

Dem Verbrauchertrend zu hochwertigen alkoholfreien Getränken folgend, erarbeitete Franz Xaver Gloßner für seine Brauerei ein zweites Standbein. Alkoholfreie Erfrischungsgetränke hatte die Firma Glossner schon seit 1975 im Programm, die allerdings zu diesem Zeitpunkt noch unter einer fremden Marke angeboten wurden. Ein glücklicher Umstand bewirkte jedoch auch im Erfrischungsgetränkeprogramm eine bedeutsame Wendung und letztendlich eine erneute beträchtliche Ausweitung der gesamten Getränkepalette. Anlässlich des Neubaus der Stadtsparkasse musste nämlich der Brunnen der Brauerei stillgelegt und ein neuer angelegt werden. Bei Bohrungen bis zu einer Tiefe von 150 Metern wurde zwischen 61 und 83 Metern Wasser von ausgezeichneter Qualität erbohrt, das noch einmal eine deutliche Geschmacksverbesserung für das damit gebraute Bier brachte. Die in die Wege geleitete amtliche Untersuchung des Wassers ergab außerdem, dass dieses Wasser als reines und natürliches Mineralwasser anzusehen sei. Am 25. April 1994 erfolgte daher die amtliche Anerkennung des Wassers und damit

Das Brauhaus Altdorf sowie Sudpfanne, Maisch- und Läuterbottich im Brauerei-gebäude auf alten Fotografien. Mit dem Kauf des Brauhauses Altdorf im Jahr 1997 konnte die Brauerei Glossner ihr Sortiment noch einmal erweitern.

Seit 1917 wird in der Gaststätte Lehmeier
– heute Hotel Lehmeier – am Oberen Markt
Glossner-Bier ausgeschenkt.

die Nutzungserlaubnis des Brunnens als Mineralbrunnen. 1995 wurden
die Schutzrechte für die Bezeichnung „Neumarkter Mineralbrunnen"
erworben und 1998 änderte man die Firmenbezeichnung in den
Namen BRAUEREI FRANZ XAVER GLOSSNER & NEUMARKTER MINERAL-
BRUNNEN e. K.

Neben dem reinen Mineralwasser in stiller und spritziger Ausführung
(extra still seit dem Jahr 2000) kommt das 1985 erbohrte Wasser auch
als alkoholfreies Erfrischungsgetränk mit 17 verschiedenen Geschmacks-
zusätzen auf den Markt, darunter sechs Sorten diätetischer Getränke.
Eine neuere Entwicklung sind daneben reine Fruchtsaftgetränke (in der
0,5 l Flasche und auch in der 0,33 l Flasche) und als absolute Neuheit
erfolgte im Jahr 2005 die Einführung eines Aloe Vera-Drinks und eines
Getränks mit Soja-Proteinen. [144]

Parallel zu der rasanten Ausweitung des Sortiments wurde die Brauerei
auch technisch immer wieder auf den neuesten Stand gebracht. Bereits
1990 ersetzte man die bisherige Fassbierabfüllung durch eine neue voll-
automatische Keg-Anlage. Bisherige Aluminium- und Holzfässer tauschte
man dabei gegen wesentlich hygienischere Keg Chrom-Nickel-Stahl-
gefäße aus. Auf die Abfüllung von 50-Liter-Fässern verzichtete man als

eine der ersten Brauereien, da sie sowohl für Kunden als auch Mitarbeiter zu schwer zu transportieren sind. Vier Biersorten werden nun in 15-Liter-(Partyfass) und 30-Liter-Fässern (Keg) abgefüllt; fünf Sorten alkoholfreie Getränke in 20-Liter-Kegs.

Die Ausweitung der Firma auf den Vertrieb von Mineralwasser erforderte weitere hohe Investitionen in dafür erforderliche Maschinen sowie Flaschen und Kisten. So wurde 1993 die Flaschenabfüllanlage ausgebaut, um auch das Mineralwasser in neuen Gebinden abfüllen zu können. Eine besonders zukunftsweisende Neuerung war jedoch die Teilumstellung auf neue Flaschenverschlüsse. Während man zuvor sämtliche Getränkesorten in der 0,5 Euroflasche mit dem Kronenkorken abgefüllt hatte, stellte man nun auf eine neue Flaschenabfüllung mit Schraubverschlüssen um, und zwar in den Gebindegrößen 0,5 l, 0,33 l, 0,7 l und 0,75 l. Neben einer weit besseren Hygiene der wiederverschließbaren Flaschen ist diese Art des Verschlusses auch ein Zugeständnis an den Verbraucher, denn eine noch nicht völlig geleerte Flasche kann nun ohne großen Aufwand verschlossen und aufbewahrt werden. 2004 schließlich wurde für die 0,5-Liter-Flaschen mehrerer Biersorten der an alte Zeiten erinnernde Bügelverschluss eingeführt und im Jahr 2005 die entsprechende

Flaschenetiketten von 2009 zeigen die große Bandbreite der Produkte, die in der BRAUEREI FRANZ XAVER GLOSSNER & NEUMARKTER MINERALBRUNNEN e.K. inzwischen hergestellt werden.

Geologie des NEUMARKTER MINERALBRUNNEN

1 Liter NEUMARKTER MINERALBRUNNEN enthält folgende Hauptbestandteile:

Kationen	mg/l
Natrium	1,60
Kalium	4,80
Magnesium	14,00
Calcium	70,00

Anionen	mg/l
Chlorid	5,40
Sulfat	31,00
Nitrat	< 0,50
Hydrogencarbonat	244,00

Tiefe

NEUMARKTER MINERALBRUNNEN

Geländeoberkante 425 m üNN

- 0 m — SAND
- 22 m — SCHIEFER, TON
- 41 m / 43 m / 47 m — KALKSTEIN
- 60 m / 61 m — KALKSTEIN / TON / SANDSTEIN
- SANDSTEIN (WASSERFÜHRENDE SCHICHT)
- 83 m — SCHIEFER, TON

Wasser zum Leben — NEUMARKTER MINERALBRUNNEN

Abfüllanlage errichtet. Der hierfür verwendete herkömmliche Porzellankopf wird heute allerdings durch einen Dreikomponentenkopf ersetzt. Der gestiegene Bierausstoß und die deutliche Ausweitung des Sortiments führte schließlich zu weiteren Umbauten und Neuerungen in den zentralen Einrichtungen der Brauerei: 1997 ersetzte man das alte Sudhaus durch ein neues, vollautomatisch gesteuertes Sudhaus mit einer Kapazität von 130 Hektolitern Heißwürze pro Sud. Ein Jahr später, 1998, erfolgte die völlige Erneuerung des Filterkellers, anschließend, Mitte des Jahres 1999, die Neueinrichtung eines obergärigen Gärkellers. Gestiegene mikrobiologische und hygienische Bedürfnisse, aber auch gesetzliche Vorschriften, die vor allem das in der Firma abgefüllte Mineralwasser betreffen, machten schließlich auch die Einrichtung eines eigenen Labors im Brauereigebäude unumgänglich. Während früher die erforderlichen Laboranalysen extern durchgeführt worden waren, wird nun die Labortätigkeit in der Brauerei selbst unternommen. Neuen

Blick in die Brunnenstube Süd des 1985
erbohrten Mineralbrunnens und links das
geologische Schaubild.

Entwicklungen folgend wurde Mitte der 90er Jahre ein Qualitätsmanage-
mentsystem [145] eingeführt sowie die Teilnahme am ÖKO-Audit als zusätz-
liches Umweltmanagementsystem, im Jahr 1998 das HACCP-Konzept.

Für die Konsumenten und Besucher der Brauerei schuf man als Informa-
tionspunkt die „Brunnenstube" mit Schaubildern zur Geologie des Bodens,
aus dem der Neumarkter Mineralbrunnen gewonnen wird, zur Analysen-
methodik und mit Gesteinsproben aus dem Neumarkter Untergrund.
Eine andere und weniger wissenschaftliche Art der Information zu den
von der Brauerei angebotenen zahlreichen Getränkesorten erhalten die

Braumeister der 14. Generation:
Franz-Xaver Gloßner im Jahr 2000 mit
frisch erworbenem Meisterbrief.

Besucher in dem im Jahr 2000 eingerichteten Getränkestadel: In diesem
Firmendirektverkauf finden sich nicht nur alle Bier- und Getränkesorten
der Brauerei, sondern auch weitere Ausstellungsstücke zum Thema
„Bier und Brauerei".

Als im November 2000 Franz-Xaver Gloßner als neugebackener Braumeister in die Firma einstieg und sich mit ihm nun auch die 14. Generation dieser Familie dem Bierbrauen widmet, war dieses Ereignis Anlass
für einen Rückblick auf die vorhergegangenen Generationen und auf
das inzwischen Erreichte. Gerade dieser Rückblick macht aber auch
deutlich, wie sehr sich das alte Gewerbe „Bierbrauen" von den moder-
nen Verfahren unterscheidet. War man im 16. Jahrhundert und danach
noch viele hundert Jahre mit einfachsten Gerätschaften und Methoden
ausgekommen, die nur geringfügigen Änderungen unterworfen waren,
ist Bierbrauen heute abhängig von hoch technisierten Anlagen, die

immer wieder neuen Entwicklungen anzupassen sind. Auch das Berufs-
bild des Brauers hat sich dadurch entscheidend von einem Handwerk
zum Management gewandelt.

Wie sehr sich diese ehrwürdige Brauerei inzwischen verändert und sich
neue Wege erschlossen hat, zeigte sich im dritten Jahrtausend. [146] Mit
dem Kauf eines Fachgroßhandelsunternehmens im Mai 2003, des in der
Wilhelm-Busch-Straße angesiedelten „Getränkeland Müller", erweiterte

Das umfangreiche Sortiment der BRAUEREI
FRANZ XAVER GLOSSNER & NEUMARKTER
MINERALBRUNNEN e.K.

Die 14. Generation der
Brauerfamilie Gloßner
mit ihren Kindern.

der NEUMARKTER GLOSSNER-BRÄU ihr Spektrum noch einmal. „Getränkeland Müller", bestehend aus vier Getränkemärkten mit 40 Mitarbeitern,
belieferte weitere acht Getränkemärkte und über 100 Gaststätten mit
alkoholischen und alkoholfreien Getränken, also jetzt auch mit Wein,
Sekt und Spirituosen. Mit dem Einstieg in den Getränkegroßhandel ist
die Brauerei nicht mehr nur Hersteller, sondern auch ein Fachgroßhan-
delsunternehmen. Für sämtliche Biersorten der Brauerei, für den Heimdienst und alle anderen Getränke war nun die Wilhelm-Busch-Straße
Vertriebsstandort, während die Leergutannahme der Brauereiprodukte
noch über die Schwesterhausgasse abgewickelt wurde. Auf längere Sicht
aber war vorauszusehen, dass für den deutlich gewachsenen Betrieb
das Brauereigelände erneut zu eng werden würde und ein neuer Standort für den gesamten Vertrieb gesucht werden musste.

Einen ersten Schritt zur Verlagerung des Betriebes unternahm die Brauerfamilie Gloßner im Jahr 2006, als am südlichen Stadtrand Neumarkts
ein Auslieferungslager der Firma Tchibo zum Kauf angeboten wurde.
Nach dem Erwerb der Grundstücke samt vorhandenem Logistikzent-
rum zogen bereits am 1. Mai gleichen Jahres Logistik und Verwaltung
der Brauerei Glossner an den Deininger Weg 88, während die Produktion,
also Brauerei und Brunnen, in der Schwesterhausgasse verblieben. Damit
war auch der Vertriebsstandort an der Wilhelm-Busch-Straße über-
flüssig geworden und konnte geschlossen werden. Weiterhin aber gibt
es verschiedene Getränkemärkte unter dem Namen Müller, darunter
das „Getränkeland Müller Outlet" Sachsenstraße 1. In naher Zukunft werden wohl auch Brauerei und Brunnen an den südlichen Stadtrand ziehen,
denn trotz rationalisierter Technik und geschickter Nutzung des zur
Verfügung stehenden Raumes ist der traditionsreiche Standort an der
Schwesterhausgasse zu eng geworden für die expandierende Brauerei.

Am 1. Mai 2006 fand der Umzug in das
neue Logistik- und Verwaltungszentrum
der Brauerei am Deininger Weg 88 statt.

Ein Malzschüttelgerät aus dem
19. Jahrhundert im Getränkestadel.

rechts
Die Brauerei an der Schwesterhausgasse
im Jahr 2009.

Das neue großzügige Brauereigelände am Deininger Weg bietet beste Voraussetzungen für die im dritten Jahrtausend noch einmal beträchtlich erweiterte Produktpalette der BRAUEREI FRANZ XAVER GLOSSNER & NEUMARKTER MINERALBRUNNEN e.K.: Aus der Sparte der sogenannten „energy drinks" gehört seit 2006 der „Moosbüffel" dazu, dies ist eigentlich die eher abschätzende Bezeichnung der fränkischen Nürnberger für die oberpfälzischen Neumarkter, nun jedoch verstanden als leicht selbstironische Einschätzung Oberpfälzer Kraft und Stärke. Dem wachsenden Bedürfnis der Verbraucher nach biologisch reinen Lebensmitteln entgegenkommend, werden seit 2007 mehrere Biersorten aus biologischen Rohstoffen hergestellt. Sämtliche „Bio-Biere" werden in Glasflaschen mit Bügelverschluss vertrieben, während Mineralwasser und Erfrischungsgetränke seit 2008 auch in PET-Flaschen angeboten werden. Dieser teilweise Wechsel von Glas zum wesentlich leichteren Kunststoff war erst möglich geworden durch den Teilumzug an den Stadtrand, denn damit war Platz geschaffen für die neue PET-Abfüllanlage in der Schwesterhausgasse.

Vor allem die „Bio-Biere" eröffneten der altehrwürdigen Brauerei einen größeren Abnehmerkreis, denn in ganz Deutschland wächst die Zahl ernährungsbewusster und biologisch-ökologisch interessierter Käufer. Aus biologischen Rohstoffen gebraute Glossner-Biere sind daher seit 2007 in Biomärkten von München bis Hamburg zu finden. Nach der Ausweitung des Vertriebes auf ganz Deutschland war es nur eine Frage der Zeit, bis auch der Export in das Ausland beginnen konnte; seit 2007 ist Glossner-Bier in Österreich, seit 2009 in Frankreich, Schweden und China erhältlich, Italien wird in Kürze folgen. Mit dem Beginn des Exportgeschäftes aber ist die Firma in eine weitere Entwicklungsphase eingetreten: Der Bogen spannt sich nun vom Kommunbrauer Gregor Gloßner, der mit einfachen Gerätschaften für einen kleinen Abnehmerkreis braute, über die gewerblichen Brauer der Neumarkter Familie Gloßner, die mit verbesserten Methoden bereits die Bevölkerung in der Stadt und der umliegenden Dörfer versorgten, bis zur Brauerfamilie Gloßner, die Abnehmer ihrer Produkte nicht nur in der Region, sondern in ganz Deutschland und jetzt auch im Ausland findet.

Der Standort Schwesterhausgasse
mit Bräustübl, Brauereimuseum und
Glossnerturm. Dahinter die Gebäude
der Produktion mit der Brauerei und dem
Mineralbrunnhaus und links davon der
Getränkestadl.

Angesichts des expandierenden Betriebes ist es ein Glücksfall, dass
mittlerweile die Brauerfamilie Gloßner durch zwei weitere Familienmitglieder in der Brauerei vertreten ist: Neben Franz Xaver Gloßner sen.
und seinem Sohn Franz-Xaver Gloßner jun. arbeiten hier nun auch dessen
Geschwister, die Betriebswirtin Kristina Maria Gloßner sowie Michael
Gregor Gloßner. Damit sind die besten Voraussetzungen dafür geschaffen, dass die Firma auch in den kommenden Jahren konkurrenzfähig
bleiben wird und dass den 200 Jahren, in denen Familie und Brauerei die
mittlerweile 850-jährige Geschichte der Stadt Neumarkt mitbestimmte,
noch viele weitere Jahre folgen werden.

Auszug aus dem
Getränkesortiment
BRAUEREI
FRANZ XAVER GLOSSNER &
NEUMARKTER MINERAL-
BRUNNEN e. K. und
GETRÄNKELAND MÜLLER e. K.
November 2009

Ausstoßentwicklung
BRAUEREI
FRANZ XAVER GLOSSNER &
NEUMARKTER MINERAL-
BRUNNEN e. K. und
GETRÄNKELAND MÜLLER e. K.

110.000 hl

100.000 hl

90.000 hl

80.000 hl

70.000 hl

60.000 hl

50.000 hl

40.000 hl

30.000 hl

20.000 hl

**Gesamt-
Getränke-
Ausstoß
in Hektoliter**

10.000 hl

Jahr 1919 1921 1923 1925 1927 1929 1931 1933 1935 1937 1939 1941 1943 1945 1947 1949 1951

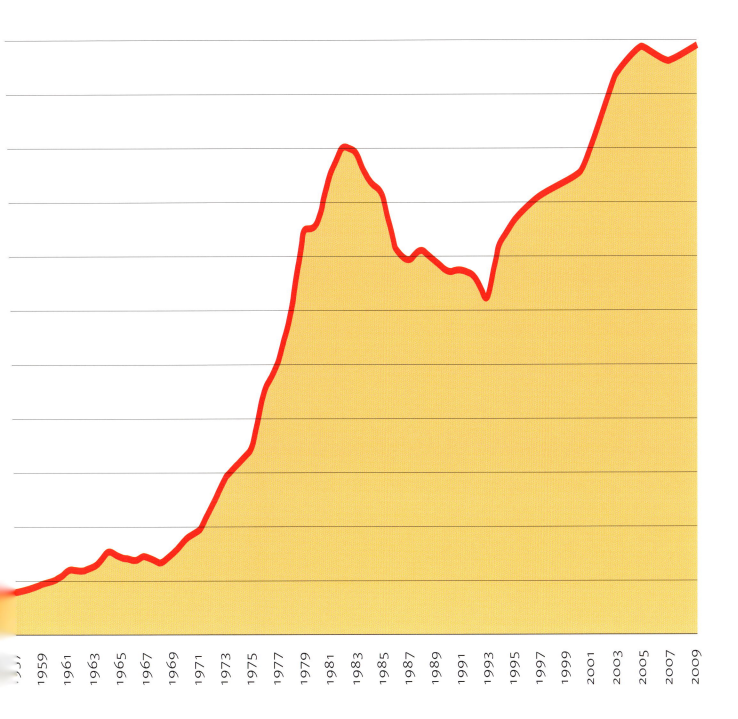

1959 1961 1963 1965 1967 1969 1971 1973 1975 1977 1979 1981 1983 1985 1987 1989 1991 1993 1995 1997 1999 2001 2003 2005 2007 2009

Anmerkungen

1 Pfarrei Velburg, 1. Taufbuch von 1574–1618, S. 8.
2 Pfarrei Velburg, 1. Taufbuch von 1574–1618, S. 8.
3 Vgl. die Berufsangaben in den Kirchenbüchern.
4 BayHStA, GL Obere und Junge Pfalz, Velburg Nr. 7.
5 Dazu für Neumarkt s. Ried, S. 514; für Sulzbach-Rosenberg Heinl, S. 11.
6 Bernd Winkler, S. 4 f.
7 Zu Velburg BayHStA, RK 13224; zu Amberg Laschinger, S. 155.
8 Hackl-Stehr, bes. S. 73, S. 131, S. 146.
9 Vgl. Helmut Stahleder, S. 143–145.
10 Stiegler, S. 6–8.
11 Heinl, S. 11, geht dagegen davon aus, dass die Städte dieses Recht besaßen, es aber nicht beweisen konnten.
12 StAA, Hofrat Neuburg 27 (= Kopien 147), Beschreibung des Wegamts Velburg von Christoph Vogelio, fol. 33.
13 Ebd., fol. 32.
14 Seitz, Velburg, S. 685.
15 StAA, Pflegamt Velburg 331, Grundbuch Velburg v. 1734, verfasst von Johann Rudolf von Windisch, Kastner in Velburg.
16 BayHStA, Neuburger Abgabe 1914, 1560/1.
17 BayHStA, Pfalz-Neuburg Literalien 1570 b; Seitz, S. 686.
18 StAA, Oberpfälzer Registraturbücher 50, fol. 72; ebd., Nr. 51, fol. 5 v. f.; Hackl-Stehr, S. 247 ff., S. 250.
19 Vgl. den Rechtsstreit mit Herzog Philipp Ludwig von Pfalz-Neuburg, der die Bierausfuhr auf das Land gegen Ende des 16. Jahrhunderts verbot, BayHStA, RK 13224.
20 Zumindest hatten sich die Velburger das Recht, Weißbier zu brauen, 1647 bestätigen lassen, vgl. Hist. Verein Regensburg, Ms. 0/210, fol. 17.
21 Brunner, S. 73, S. 129.
22 BayHStA, RK 13224; vgl. Seitz, Amberg, S. 48; ders., Velburg, S. 685.
23 Laschinger, S. 170, S. 270.
24 Vgl. Erich Stahleder.
25 Dazu Hackl-Stehr, bes. S. 219–249.
26 Eikam, S. 39–41; dazu a. Cramer-Fürtig, S. 82, Anm. 39.

27 StAA, Oberpfälzer Registraturbücher 50, fol. 125 ff, Landgebot vom Mittwoch nach Mariae Lichtmeß 1534.
28 Brunner, S. 154.
29 Volkert, S. 1338–1340; Brunner, S. 138.
30 BayHStA, RK 13224.
31 ebd.; StAA, Pflegamt Velburg 331, Grundbuch Velburg v. 1734, angelegt von Johann Rudolf von Windisch; Brunner, S. 134.
32 Zum Herzogtum Ober- und Niederbayern Hackl-Stehr, S. 241–249; zu gesetzgeberischen Maßnahmen in der Oberpfalz z.B. StAA, Oberpfälzer Registraturbücher 51, fol. 277 v.f.
33 Brunner, S. 135.
34 Ebd., S. 115.
35 StAA, Pflegamt Velburg 69.
36 Hist. Verein Regensburg, Ms. 0/210, fol. 17.
37 BayHStA, Pfalz-Neuburg Akten, Abgabe 1989, Nr. 6795, Liste v. 14. Dez. 1710.
38 StAA, Pflegamt Velburg 22.
39 BayHStA, Neuburger Abgabe 1912, Nr. 1589/1 zum 15. April 1729; Bürgermeister und Rat v. 4. Juli 1729.
40 BayHStA, Neuburger Abgabe 1912, Nr. 1589/1, 15. April 1729.
41 BayHStA, ebd., 4. Juli 1754.
42 BayHStA, ebd., 15. April 1729.
43 BayHStA, ebd., 4. Juli 1754.
44 BayHStA, ebd.
45 BayHStA, ebd., 30. Juni 1754.
46 BayHStA, ebd., 4. Juli 1754.
47 BayHStA, ebd. zu 1774; StAA, Generalakten 501/51.
48 BayHStA, Neuburger Abgabe 1912, Nr. 1589/3; der Name wird hier als Goldene Traube angegeben.
49 Zur Heirat s. Brauerei Glossner, Stammbaum; zu den Braurechten StAA, Kauf- und Briefprotokolle Neumarkt, Bd. 374, 20. April 1831.
50 StAA, Kauf- und Briefprotokolle Neumarkt, Bd. 360, 10. Juni 1824; als Anlage der Konsens zur Ansässigmachung.
51 StAA, Kauf- und Briefprotokolle Neumarkt, Bd. 364, 1. Juli 1826; Bd. 366, 12. September 1825 und 12. September 1827; Bd. 369, 5. November 1828.

52 StAA, Kauf- und Briefprotokolle Neumarkt, Bd. 369, 10. Dezember 1828.
53 Schrauth, S. 108 f.; Löwenthal, S. 199–202; Löwenthal kennt nur sieben Jahrmärkte. S.a. Marschall, S. 25.
54 Schrauth, S. 86 f.; Aus dem Neumarkt vor 70 Jahren.
55 Löwenthal, S. 202.
56 ebd., S. 112.
57 ebd., S. 109.
58 ebd., S. 199 f.
59 StAA, Kauf- und Briefprotokolle Neumarkt, Bd. 370, 21. April 1829 und 9. März 1829.
60 Gebaut ab Dezember 1761, ging das Brauhaus der Kapuziner während der Säkularisation in private Hände über, vgl. Ried, S. 297.
61 StAA, Kauf- und Briefprotokolle Neumarkt, Bd. 374, 20. April 1831; Bd. 376, 25. April 1832; zu den Privatbrauereien in den folgenden Jahren vgl. Ried, S. 518.
62 StAA, Kauf- und Briefprotokolle Neumarkt, Bd. 374, 20. April 1831.
63 Neumarkter Wochenblatt Nr. 19 v. 7. Mai 1837, S. 78.
64 StAA, Kauf- und Briefprotokolle Neumarkt, Bd. 374, 20. April 1831.
65 Übergabeprotokoll in StAA, Kauf- und Briefprotokolle Neumarkt, Bd. 376, 25. April 1832.
66 Neumarkter Wochenblatt Nr. 41 v. 8. Oktober 1837, S. 184 f.; Nr. 19 v. 7. Mai 1837, S. 77 f.
67 StAA, Kauf- und Briefprotokolle Neumarkt, Bd. 423, 26. März 1846.
68 Vorbesitzer sowohl des Hauses als auch des Stadls war Johann Gloßner, s. StAA, Kataster Neumarkt 326, S. 210, S. 227.
69 StAA, Kataster Neumarkt 333, fol. 229 zu Haus Nr. 127 und 117 ½ bzw. Kastengasse 8. Für den Umzug ist das Jahr 1863 eingetragen, während der Kauf erst 1868 verbrieft wurde.
70 Ried, S. 514, S. 520 f.; StAA, Kauf- und Briefprotokolle Neumarkt, Bd. 369 v. 10. Dezember 1828; s.a. die Kesselgeld Rechnungsbücher in StadtAN, R 3/69.
71 Zur Brauordnung von 1841 vgl. StadtAN, Rechnung der Communbrauhäuser Neumarkt 1857/58, Vorblatt.
72 Ried, S. 518.

73 StAA, Kataster Neumarkt 332, fol. 680; Hauptkataster 341, S. 421.

74 StAA, Kataster Neumarkt 332, fol. 680; StadtAN, Häuserverzeichnis v. März 1874.

75 Dazu Schrauth, S. 114; Marschall, S. 4.

76 Schrauth, S. 114.

77 Ried, S. 429; Marschall, S. 5.

78 Broda/Wurst, S. 20 f.; Marschall, S. 7.

79 Struwe, S. 47–58 zu den neuen Brautechniken.

80 Brauerei Glossner, Ordner Immobilien – Almstraße 37, Kopie des Kataster-Umschreibheftes.

81 Dazu Huber.

82 Heinl, S. 150 f.

83 StAA, Kataster Neumarkt 333, fol. 229; Kataster 341, S. 421.

84 S. die Anzeige im Neumarkter Wochenblatt v. 10. Mai 1894, Jg. 59.

85 StAA, Kataster Neunmarkt 333, fol. 229; Kataster 341, S. 421.

86 Schrauth, S. 117 f; Neumarkter Stadt und Kreis Nr. 147, 22. Juni 1959.

87 StAA, Kataster Neumarkt Nr. 345, S. 274 ½ z. Hallertor 7; Ried, S. 519.

88 StAA, Kataster Neumarkt Nr. 345, S. 424 zu Haus Nr. 117 1/1 bzw. Plan Nr. 683.

89 StAA, Kataster Neumarkt Nr. 333, fol. 267; Nr. 351, S. 617 ff.

90 StAA, Kataster Neumarkt Nr. 341, S. 411; Nr. 351, S. 617 ff.

91 Ried, S. 519.

92 Struwe, S. 54–57.

93 StAA, Kataster Neumarkt Nr. 346, S. 414.

94 Rädlinger, S. 53.

95 Ebd.; Ried, S. 170.

96 Ried, S. 179.

97 Für Kulmbach stellte dies fest Bernd Winkler, S. 156 f.; s. dazu auch die Untersuchung von Josef Gloßner, Die Konzentrationsbewegung im deutschen Braugewerbe, Diplomarbeit Nürnberg 1936 (Ms.)

98 Adressbuch der Stadt Neumarkt i. d. OPf., 1893; Nachschlageverzeichnis zur Übersichtskarte der Brauereien im Königreich Bayern, München 1918, S. 110 f.

99 StAA, Kataster Neumarkt Nr. 341, S. 10; Nr. 346, S. 424; Nr. 351, S. 633 ff; Ried, S. 159; z. Lippertshofen und Niederhofen mündl. Mittlg. Franz Xaver Gloßner.

100 StAA, Kataster Neumarkt Nr. 353, S. 1429.

101 Weidner, S. 149.

102 Das Datum ist noch an der alten Kühlmaschine abzulesen; StAA, Kataster Neumarkt 351, S. 633 ff. zum 21. Juni 1929.

103 Brauerei Glossner, Ordner Immobilien – Almstraße.

104 Brauerei Glossner, Ordner Glossner-Keller.

105 Brauerei Glossner, Ordner Lehmeier.

106 Rauscher, S. 20.

107 Ebd., S. 22 f.; Brauerei Glossner, Ordner Turnerheim, Notiz von Josef Gloßner zu 1950.

108 Dazu Urbanek.

109 Mündliche Mittlg. Franz Xaver Gloßner v. 7. Mai 1998.

110 Eine genaue Untersuchung zu den Auswirkungen der Weltwirtschaftskrise auf Neumarkt i.d. OPf. liegt leider nicht vor.

111 S.a. Brauerei Glossner, Ordner Militärregierung.

112 StAA, Bezirksamt Neumarkt 4348; Brauerei Glossner, Ordner Historisches, Flugblatt v. August 1936.

113 Mündl. Mittlg. Franz Xaver Gloßner v. 7. August 1998.

114 Brauerei Glossner, Ordner Militärregierung, Bestandsangabe vom 1. August 1945.

115 Über die Herkunft dieser Hilfskräfte fanden sich im Archiv der Brauerei keine Hinweise.

116 Mündl. Mittlg. Franz Xaver Gloßner v. 7. Mai 1998.

117 Brauerei Glossner, Ordner Glossner-Keller, Kunden.

118 Dazu Wurst/Bradl/Moritz, S. 9 f.

119 Ebd., S. 13–16.

120 Zahlen nach Wurst/Bradl/Moritz; leicht abweichend Wifling, S. 32.

121 Brauerei Glossner, Ordner Militärregierung, Liste der zerstörten Gebäude v. 19. Juni 1945; pers. Mittlg. Franz Xaver Gloßner v. 30. März 1999.

122 Brauerei Glossner, Ordner Militär regierung, Brief v. 10. Juli 1945.

123 Brauerei Glossner, Ordner Lohnsieden Brauhaus Neumarkt.

124 Brauerei Glossner, Ordner Militärregierung, Liste v. 6. Juli 1945.

125 Brauerei Glossner, Ordner Militärregierung.

126 Brauerei Glossner, Ordner Militärregierung.

127 Brauerei Glossner, Ordner Glossner-Keller, Kunden.

128 Brauerei Glossner, Ordner Militärregierung, Wöchentlicher Produktionsbericht v. 1.–15. Januar 1946.

129 Bernd Winkler, S. 213 f., S. 218.

130 Mündl. Mittlg. Franz Xaver Gloßner sen. v. 30. März 1999.

131 Vgl. Rädlinger, S. 91 f.

132 Brauerei Glossner, Ordner Turnerheim, Notiz von Josef Gloßner, 1950.

133 Dazu Wurst/ Bradl/ Moritz. S. 53; S. 65–67. Eine genauere Darstellung der Zeit des Wirtschaftswunders in Neumarkt steht noch aus.

134 Mündl. Mittlg. Franz Xaver Gloßner sen. v. 20. 10. 2000.

135 Mündl. Mittlg. Franz Xaver Gloßner sen. v. 20. 10. 2000.

136 Brauerei Glossner, Presseinformation v. Januar 1997; Ordner Ausstoßentwicklung.

137 Brauerei Glossner, Presseinformation v. Januar 1997.

138 Dies und der folgende Text beruht im Wesentlichen auf einer mündlichen Mittlg. F.X. Gloßner sen. und auf der Presseinformation v. Januar 1979.

139 Brauerei Glossner, Ordner Glossner-Keller, Kundenakt.

140 Die Altstadtfreunde Neumarkt in der Oberpfalz verliehen Brauereibesitzer Franz Xaver Gloßner sen. für dieses Bewahren 425-jähriger Brautradition eine Auszeichnung.

141 Brauerei Glossner, Kundenakt, Volksfest Neumarkt.

142 Gespräch mit Franz Xaver Gloßner sen. v. 27. 11.2000.

143 Gespräch mit Franz Xaver Gloßner sen. v. 27. 11. 2000; frdl. Mittlg. Herr Schödel v. 29. 11. 2000

144 Daten nach mündlichen Mitteilungen Franz Xaver Gloßner sen.

145 nach DIN EN ISO 9001/EN ISO 9001.

146 Der folgende Text beruht auf Mitteilungen Franz Xaver Gloßners sen. vom Oktober 2009.

Quellen	Bayerisches Hauptstaatsarchiv München (BayHStA):

Quellen

Bayerisches Hauptstaatsarchiv München (BayHStA):
GL Obere und Junge Pfalz, Velburg
Neuburger Abgabe 1912
Neuburger Abgabe 1914
Pfalz-Neuburg Akten, Abgabe 1989
Pfalz-Neuburg Literalien
Reichskammergericht (RK) 13224

BRAUEREI FRANZ XAVER GLOSSNER & NEUMARKTER MINERALBRUNNEN e.K.
Ordner Ausstoßentwicklung
Ordner Glossner-Keller
Ordner Historisches
Ordner Immobilien – Almstraße
Ordner Lehmeier
Ordner Lohnsieden Brauhaus Neumarkt
Ordner Militärregierung
Ordner Turnerheim
Presseinformation v. Januar 1997

Historischer Verein Regensburg:
Ms 0/210

Pfarrarchiv Velburg:
Taufbücher

Staatsarchiv Amberg (StAA):
Bezirksamt Neumarkt
Briefprotokolle Neumarkt
Generalakten
Hofrat Neuburg
Kataster Neumarkt
Oberpfälzer Registraturbücher
Pflegamt Velburg

Stadtarchiv Neumarkt i.d.OPf. StAN):
Häuserverzeichnis März 1874
Kesselgeld Rechnungsbücher
Rechnungen der Kommunbrauhäuser Neumarkt

Bildnachweis

Bayerisches Hauptstaatsarchiv München
29

Franz Schiermeier Verlag
18, 21, 47

Haus der Bayerischen Geschichte
28

Landesamt für Vermessung und
Geoinformation München
16, 42

MK-Verlag
Alte Ansichten und Bilder aus Neumarkt in
der Oberpfalz
50, 62, 76

Schmidt, Ottfried
Velburg in Bildern
23, 34, 36

Stadtarchiv Neumarkt i.d.OPf.
43, 60, 85, 87 (2), 91

Stadtbibliothek Nürnberg
19

Alle anderen Abbildungen:
Sammlung Brauerei Glossner

Postkarten aus der
Sammlung F.X. Gloßner

Literatur

Adreßbuch der Stadt Neumarkt i.d.OPf. 1893

Aus dem Neumarkt vor 70 Jahren. Jugenderinnerungen eines alten Neumarkter Bürgers, in: Bayerische Ostmark 1941.

W. Brodа/ Petra Wurst, Auf den Hund gekommen. Express-Werke Neumarkt. Pioniere der Zweiradindustrie, hg. v. d. Stadt Neumarkt i.d.OPf. 1998.

Ignaz Brunner, Kurzgefasste Beschreibung des Schlosses und der Stadt Velburg, Eichstätt 1818.

Michael Cramer-Fürtig, Landesherr und Landstände im Fürstentum Pfalz-Neuburg, Schriftenreihe z. Bayerischen Landesgeschichte 100, München 1995.

Helmut A. Eikam, Landschaft und Landschaftskommissariat im Fürstentum Pfalz-Neuburg, Diss. Mainz 1978.

Karin Hackl-Stehr, Das Brauwesen in Bayern vom 14. bis zum 16. Jahrhundert, insbesondere die Entstehung und Entwicklung des Reinheitsgebotes (1516), Berlin 1987

R. Heinl, Das Brauwesen in Sulzbach-Rosenberg (Sulzbach-Rosenberger Heimatkundliche Arbeiten 1), 1979.

Heinrich Huber, Das Kommunbrauwesen in Bayern, Veröff. d. Gesellsch. f. d. Geschichte u. Bibliographie des Brauwesens e.V., Berlin 1939.

Johannes Laschinger, Denkmäler des Amberger Stadtrechts 1, 1034–1450, München 1994.

Johann Nepomuk v. Löwenthal, Geschichte des Schultheißenamts und der Stadt Neumarkt, München 1805.

Georg Nikolaus Marschall, Über den gegenwärtigen Stand der Industrie und der Gewerbe in Neumarkt i.d.OPf., Programm z. Jb. d. vierkursigen K. Realschule in Neumarkt für das Schuljahr 1889/90.

Nachschlageverzeichnis zur Übersichtskarte der Bierbrauereien im Königreich Bayern, München 1918.

Christine Rädlinger, 125 Jahre. Bewahrung und Fortschritt – Geschichte des Vereins Münchner Brauereien, hg. v. Verein Münchner Brauereien, München 1996.

Johann Rauscher, Das Vereinswesen der Stadt Neumarkt i.d.OPf. vom Vereinsgesetz 1850 bis zur Machtergreifung durch die Nationalsozialisten, Zulassungsarbeit 1981, Ms. im Stadtmuseum Neumarkt.

Karl Ried, Neumarkt in der Oberpfalz, Neumarkt i.d.OPf. 1960.

Johann Baptist Schrauth, Geschichte und Topographie der Stadt Neumarkt in der Oberpfalz, Regensburg 1859.

Reinhard H. Seitz, Amberg, in: Bayerisches Städtebuch 2, hg. v. E. Keyser/ H.Stoob, Stuttgart 1974, S. 48–57. ders., Velburg, ebd., S. 684–687.

Erich Stahleder, Bayerische Bier-Acta: 500 Jahre Reinheitsgebot, München 1983.

Helmut Stahleder, Bierbrauer und ihre Braustätten. Ein Beitrag z. Gewerbetopographie Münchens im Mittelalter, Sonderdruck aus OA 107, 1982.

Carl Stiegler, Das Kommunbrauwesen in Bayern, München 1930.

Emil Struwe, Die Entwicklung des Bayerischen Braugewerbes im 19. Jahrhundert, Leipzig 1893.

Peter Urbanek, 100 Jahre Helles Spaten-Bier 1894–1994. Das erste Münchner Hell nach Pilsner Art, München 1994.

Wilhelm Volkert, Das Fürstentum Pfalz-Neuburg und seine Nebenlinien vom 16. bis zum 18. Jahrhundert, Handbuch der Bayerischen Geschichte III, hg. v. M. Spindler, München 1995, S. 1335–1349.

Georg Weidner, Neumarkt von heute, in: Bayerland 40, 1929, S. 129–134.

Ludwig Wifling, Die Stadt Neumarkt bei Ende des 2. Weltkriegs, 14. Jahresbericht des Hist. Vereins Neumarkt 1954, S. 32–41.

Bernd Winkler, Das Bierbrauen in Kulmbach, Schriftenreihe „Die Plassenburg" für Heimatforschung und Kulturpflege in Ostfranken, hg. v. Freunde der Plassenburg e.V. Kulmbach 46, 1987.

Wilhelm Winkler, Brauwesen und Braurecht in den Ostgebieten der Nürnberger Landschaft und der Grafschaft Rothenberg, Erlangen 1979.

Petra Wurst/M. Bradl/Gabriele Moritz, Aus Ruinen auferstanden. Zerstörung und Wiederaufbau der Stadt Neumarkt i.d.OPf. 1945–1995, Ausstellung im Stadtmuseum Neumarkt i.d.OPf., Neumarkt 1995.

Trinker, Säufer und auch Fresser
Kennen den Inhalt dieser Fässer.

Impressum

Christine Rädlinger
Generation für Generation
Geschichte der Braufamilie Gloßner

Herausgeber
BRAUEREI FRANZ XAVER GLOSSNER &
NEUMARKTER MINERALBRUNNEN e.K.

Gesamtherstellung
BlueprintAG München

Gestaltung und Satz
Edgar Hohl
Franz Schiermeier

Verlag
Franz Schiermeier Verlag München

ISBN
978-3-9813190-4-0

Neumarkt, im November 2009

Umschlag vorne:
Neumarkt Bierstadt, Illustration von Harald Schmaußer, 2002
Vor- und Nachsatzpapiere:
Stammbaum der Braufamilie Gloßner
Frontispiz:
Gregor Gloßner, Bierbrauer zu Velburg

Kristina-Maria Geb. 19.3.1971

Anjo-Susanna Geb. 23.3.1972

Frz. Geb

Frz. Anton Geb. 10.11.1941

Frz. Xaver Geb. 17.7.1943

Glaßner ∞ Brigitte Helga Getraut am 11.11.1970 mit B.H. Platen

Th

Georg 2.3.95 10.9.16

Anton * 24.12.1896

Elisabetha Geb. 23.4.1898

Frz. Xaver 19.10.1899 ✝ 25.7.1900

Maria Geb. 14.2.1901

Franziska Geb. 26.5.1902

Ludwig Geb. 22.5.1904

Jos Geb. 2

Babette Geb. 23.3.1865

Franz Xaver Geb. 22.3.1866 Getraut am 25.4.1894 mit M. Gotz

Glaßner ∞ Maria Geb. 12.9.1869

Maria Elisab Geb. 2.5.1867

Georg Götz ∞ Therese geb. 11.11.1837 zu Döllwang gest.21.8.1916 getr. T.

Franz Götz ∞ Maria An Geb. 8.3.1813 zu Döllwang gest.11.12.1884

Johann 30.12.33 ✝ 24.4.87

Katharina Geb. 12.3.1835

Therese Geb. 14.4.1836

Anton Johann * 9.10.1837 ✝ 13.12.1907 getraut am 26.11.1863 mit E. DILLING

Glaßner ∞ Elise geb.30.4.1832 ✝ 29.10.1914

Walburga * 10.12.1836 ✝ 2.10.1840

Josef 11.4.1842 *43

J Ge

Franz Anton Geb. 20.7.1811 Gest.27.12.1845 getraut am 8.5.1832 mit Th.Reiser v. Neumarkt

Glaßner ∞ Therese

Josef Geb.16.8.1813

Anna Maria Geb. 4.9.1816

Barbara 12.10.1817 ✝ 2.11.23

Joh. Baptist Geb. 18.4.1819

Frz. X * 7.12.1820

Arsenius Geb. 6.11.1781

Maria Karolina Geb. 14.12.1782 Gest.17.6.1855

Ga. Andreas Geb. 9.9.1784

Maria Barbara Geb. 4.5.1786

Maria Anna Geb. 14.1.1788

Franz Anton Geb. 16.7.1789 ✝

Fran Geb. 13.7

Andreas Glaßner ∞ Anna Wird in 2 Ehe 1743 getraut mit Anna

Georg Josef Geb. 26.6.1744

Georg Andreas Geb. 7.2.1747 ✝

Johann Georg

Georg Friedri Geb. 3.3.1752 Gest.26.3.1807

Joh. Andreas Geb. 14.12.1722

Anna Maria Eva Geb. 19.10.1723

Maria Margaretha Geb. 2.10.1724

Anna Margaretha Geb. 16.10.1725

Anna Maria Geb. 28.2.1727

Joh Ge

Anna Barb Geb. 24.3.1713

Andreas Glaßner ∞ Anna Maria Margaretha Geb.7.9.1696 Getraut am 10.2.1722 mit A.M.Missier Gest.1743

Gg. Jakob * 6.1.1698 ✝ 28.5.1732

Joh. Thomas Geb. 22.8.1699

Magdalen Geb. 15.10.170

Anna Barbara Geb. 14.4.1667

Margaretha Geb. 8.8.1668

Georg Geb. 3.4.1671

Glo

Barbara * 9.1.1637 ✝ 3.4.37

Erhard Geb. 6.1.1638 Gest. 5.9.1695

Gl

Katharina Geb. 5.3.1601

Margaretha Geb. 10.3.1602

Georg Geb. 27.5.1603

Michael * 16.12.1605

Anna Geb. 18.1.1607

Leonhard

Leon

Margareta Geb. 23.2.1574

Leonh Geb. 31.12.1

Gre BIERBRA

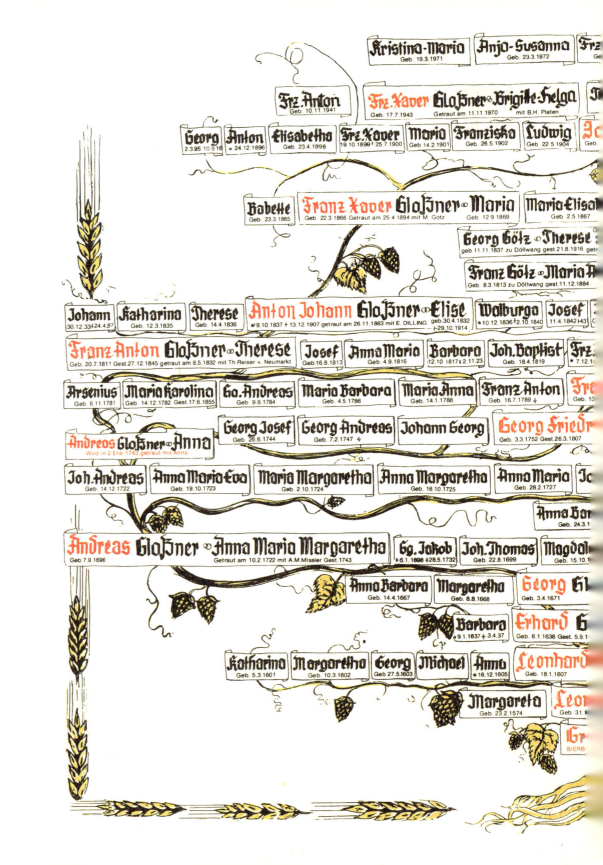

Kristina-Maria Geb. 19.3.1971 | Anja-Susanna Geb. 23.3.1972 | Frz

Frz. Anton Geb. 10.11.1941 | Frz. Xaver Geb. 17.7.1943 | Gloßner ∞ Brigitte-Helga Getraut am 11.11.1970 mit B.H. Platen

Georg 2.3.95 10.9.16 | Anton * 24.12.1896 | Elisabetha Geb. 23.4.1898 | Frz. Xaver 19.10.1899 † 25.7.1900 | Maria Geb. 14.2.1901 | Franziska Geb. 26.5.1902 | Ludwig Geb. 22.5.1904 | Jo Geb

Babette Geb. 23.3.1865 | Franz Xaver Geb. 22.3.1866 Getraut am 25.4.1894 mit M. Gotz | Gloßner ∞ Maria Geb. 12.9.1869 | Maria-Elisa Geb. 2.5.1867

Georg Götz ∞ Therese geb. 11.11.1837 zu Döllwang gest. 21.8.1916 getr.

Franz Götz ∞ Maria A Geb. 8.3.1813 zu Döllwang gest. 11.12.1884

Johann 30.12.33 † 24.4.87 | Katharina Geb. 12.3.1835 | Therese Geb. 14.4.1836 | Anton Johann Gloßner ∞ Elise * 9.10.1837 † 13.12.1907 getraut am 26.11.1863 mit E. DILLING geb. 30.4.1832 † 29.10.1914 | Walburga * 10.12.1836 † 2.10.1840 | Josef 11.4.1842 † 43

Franz Anton Gloßner ∞ Therese Geb. 20.7.1811 Gest. 27.12.1845 getraut am 8.5.1832 mit Th. Reiser v. Neumarkt | Josef Geb. 16.8.1813 | Anna Maria Geb. 4.9.1816 | Barbara *12.10.1817 † 2.11.23. | Joh. Baptist Geb. 18.4.1819 | Frz. * 7.12.1

Arsenius Geb. 6.11.1781 | Maria Karolina Geb. 14.12.1782 Gest. 17.6.1855 | Gg. Andreas Geb. 9.9.1784 | Maria Barbara Geb. 4.5.1786 | Maria Anna Geb. 14.1.1788 | Franz Anton Geb. 16.7.1789 † | Fre Geb. 13

Andreas Gloßner ∞ Anna Wird in 2 Ehe 1743 getraut mit Anna | Georg Josef Geb. 26.6.1744 | Georg Andreas Geb. 7.2.1747 † | Johann Georg | Georg Friedr Geb. 3.3.1752 Gest. 26.3.1807

Joh. Andreas Geb. 14.12.1722 | Anna Maria Eva Geb. 19.10.1723 | Maria Margaretha Geb. 2.10.1724 | Anna Margaretha Geb. 16.10.1725 | Anna Maria Geb. 28.2.1727 | Jo

Anna Bar Geb. 24.3.1

Andreas Gloßner ∞ Anna Maria Margaretha Geb. 7.9.1696 Getraut am 10.2.1722 mit A.M. Missler Gest. 1743 | Gg. Jakob * 6.1.1698 † 28.5.1732 | Joh. Thomas Geb. 22.8.1699 | Magdal Geb. 15.10.

Anna Barbara Geb. 14.4.1667 | Margaretha Geb. 8.8.1668 | Georg Geb. 3.4.1671 | Georg Gl

Barbara * 9.1.1637 † 3.4.37 | Erhard Geb. 6.1.1638 Gest. 5.9.1

Katharina Geb. 5.3.1601 | Margaretha Geb. 10.3.1602 | Georg Geb. 27.5.1603 | Michael | Anna * 16.12.1605 | Anna Geb. 18.1.1607 | Leonhard

Margareta Geb. 23.2.1574 | Leon Geb. 31.

Gr BIERB